Ursachen des Terrorismus

in der Bundesrepublik Deutschland

mit Beiträgen

von

Wolfgang de Boor, Ronald Grossarth-Maticek,
Christa Meves, Elisabeth Müller-Luckmann,
Reinhard Rupprecht, Hans-Dieter Schwind, Ludger Veelken

herausgegeben von

Hans-Dieter Schwind

1978

Walter de Gruyter · Berlin · New York

SAMMLUNG GÖSCHEN 2806

CIP-Kurztitelaufnahme der Deutschen Bibliothek

Ursachen des Terrorismus in der Bundesrepublik Deutschland / mit Beitr. von Wolfgang de Boor ... Hrsg. von Hans-Dieter Schwind. – Berlin, New York: de Gruyter, 1978.

(Sammlung Göschen; Bd. 2806)
ISBN 3-11-007702-7

NE: Schwind, Hans-Dieter [Hrsg.] ; Boor, Wolfgang de [Mitarb.]

Vorbemerkung

Über den Terrorismus, der die Innere Sicherheit unseres Landes nicht unerheblich gefährdet, ist in den letzten Jahren viel geschrieben worden. Eine Bibliographie zum Thema „Terrorismus und Gewalt“, die in der Bibliothek des Deutschen Bundestages (aus aller Welt) zusammengestellt worden ist (Juli 1975, fortgesetzt im Februar 1978), enthält allein über 1500 Titel von Monographien und Aufsätzen aus Sammelwerken und Zeitschriften. Die meisten dieser Publikationen beschäftigen sich allerdings ganz oder zumindest überwiegend nur mit den Erscheinungsformen des Terrors oder mit seinen politischen Konsequenzen; über die Ursachenfrage ist hingegen außer dem Hinweis, daß ihre Behandlung notwendig ist, meist relativ wenig (Konkretes) zu finden. Zu den Ausnahmen gehören z. B. verschiedene Aufsätze, die in der Sammlung „Der Weg in die Gewalt“ veröffentlicht wurden (Herausgeber: *Heiner Geißler*), sowie eine Aufsatzfolge, die *Susanne von Paczensky* unter dem Titel „Frauen und Terror“ publiziert hat; beide Veröffentlichungen erschienen erst Anfang des Jahres (1978).

1. Der vorliegende Band möchte an diese Bemühungen anknüpfen. Um dem Leser den Einstieg in die ätiologische Frage erleichtern zu helfen, werden im zweiten Beitrag exemplarisch einige besonders interessante Gedanken, die zur Ursachenfrage bisher veröffentlicht wurden, in jeweils kurzen Zusammenfassungen referiert. Der erste Beitrag soll die Informationen über die Entwicklung des Terrorismus vermitteln, die zum Verständnis der folgenden Aufsätze notwendig sind. Diese befassen sich mit der Ursachenfrage aus psychologischer Sicht *(Elisabeth Müller-Luckmann)*, aus psychagogischer Sicht *(Christa Meves)*, aus soziologischer Sicht *(Ludger Veelken)* und aus psychiatrischer Sicht *(Wolfgang de Boor)*. Die Darstellung wird durch eine empirische Untersuchung über „familiendynamische, sozialpsychologische und sozialökonomische Faktoren des linken und rechten Radikalismus“ ergänzt *(Ronald Grossarth-Mati-*

cek). Ein Beitrag aus der Feder des Kriminalisten *Reinhard Rupprecht* schließt den Band ab.

2. Daß die ätiologische Frage inzwischen mehr in den Mittelpunkt des Interesses gerückt ist, wird z. B. auch daran deutlich, daß selbst die Polizei durch ihre Gewerkschaft (GdP) für eine verstärkte Ursachenforschung eintritt (vgl. Meldung in der WAZ vom 9. Dezember 1977). Die Problematik besteht allerdings darin, daß wir über die Ursachen der Kriminalität noch generell wenig wissen; jedenfalls ist das sog. gesicherte Wissen immer noch dürftig (vgl. *Villmow-Kaiser* 1974, 1 ff.; *Schwind* 1974, 12–15). Überspitzt formuliert kann man sagen, daß uns noch nicht einmal (zuverlässig) bekannt ist, weshalb Menschen Straftaten nicht verüben, geschweige denn, weshalb sie Delikte begehen. Aus den Lebensläufen der Terroristen läßt sich aber vielleicht doch ablesen, ob es eventuell „den Terrorismus begünstigende Faktoren" gibt, die im Rahmen der Vorbeugung künftig bekämpft werden könnten. Dabei sollte man allerdings den Erwartungshorizont nicht zu hoch schrauben. Jedenfalls hat *Robert Leicht* durchaus recht, wenn er schreibt (1978, 2): „Wer oder was ist nun aber schuld daran, daß ein junger Mensch zum Terroristen wird? Niemals kann es für einen solchen Irrweg nur einen Grund geben, und niemals kann das Gesamtgefüge der Gründe, das man im einzelnen Fall vielleicht zu erkennen vermag, repräsentativ für alle (oder auch nur für viele) sein – etwa in dem Sinne, daß in jedem anderen Fall, in dem ähnlich problematische Voraussetzungen vorliegen, zwangsläufig eine gleiche Entwicklung droht."

3. Auffällig ist der hohe Anteil an Frauen unter den Terroristen; „mittlerweile begehen (nach einer Meldung des SPIEGEL) westdeutsche Frauen mehr als die Hälfte aller terroristischen Straftaten" (Nr. 33 vom 8. August 1977, S. 23). Diese Erscheinung ist freilich nicht neu. So bestand z. B. auch ein Viertel der russischen Terroristen im letzten Jahrhundert aus Frauen (vgl. *Laqueur* 1977, 117). Terroristengruppen üben also möglicherweise auf Frauen eine besondere Anziehungskraft aus (vgl. dazu unten S. 58). *Edelgart Quensel* schreibt zu dem hohen Anteil der Frauen in der RAF, daß auch „. . . die Anzahl der beteiligten Frauen an Sekten und ähnlichen Gemeinschaften . . . erheblich (zu sein scheint), im Unterschied etwa zu sozial konformen oder gesellschaftlich integrierten Vereinen". Unter den sog. Sympathisanten, die die Versorgung der Terroristen

erleichtern oder ihnen das Wort reden, befinden sich übrigens ebenfalls viele Frauen.

4. Die Schätzungen, die die Zahl aller Sympathisanten betreffen, hängen naturgemäß von der Definition „Sympathisant" ab, die je nach dem politischen Standort unterschiedlich ausfällt. Sympathisant ist z. B. (nicht nur) für den ehemaligen RAF-Mann *Gerhard Müller* einer, zu dem man sagt: „Guck mal, der böse Staat hier, Faschismus, Folter, Mord und so weiter – und jetzt gib mal deinen Paß her" (vgl. DER SPIEGEL Nr. 41, vom 3. Oktober 1977, S. 30). *Horchem,* Präsident des Landesamtes für Verfassungsschutz in Hamburg, schätzt, daß die „etwa 50–60 aktiven Terroristen von 2500 Helfern und Sympathisanten in den westdeutschen Städten und von 1500 Sympathisanten in West-Berlin unterstützt werden" (vgl. *Horchem* 1978, 296).

5. Die Anti-Terror-Gesetze, die die Bundesrepublik inzwischen verabschiedet hat (vgl. dazu u. S. 41 ff.), haben es (zumindest bisher) noch nicht erkennbar vermocht, Sympathisanten (und Terroristen) von ihrem Tun abzubringen; aber diese Wirkung kann sich noch einstellen; insbesondere die §§ 88 a (verfassungsfeindliche Befürwortung von Straftaten), 129 a (Bildung terroristischer Vereinigungen) und 130 a des StGB (Anleitung zu Straftaten durch Schriften) könnten in Zukunft abschreckend wirken und zumindest das Heer der Sympathisanten verkleinern. Dabei ist mehr die Sanktionierung an sich von Bedeutung, weniger die Höhe der Strafdrohung. Denn die Höhe der Strafe dürfte Terroristen kaum schrecken; diese paßt vielmehr gut in ihr Konzept eines zu bekämpfenden faschistischen Staates, in dem wir angeblich leben. Entscheidender als die Art und Höhe der drohenden Strafe ist – wie bei anderen Straftätern auch – die Präventivwirkung eines hohen Erfolgsrisikos einzuschätzen, das wiederum von der Effektivität der kriminal- und schutzpolizeilichen Maßnahmen abhängt. Die Bekämpfung des Terrorismus erfordert daher optimal ausgebildete und ausgerüstete Polizeikräfte und eine optimale internationale Zusammenarbeit auch in diesem Bereich. Insoweit ist z. B. das „Europäische Übereinkommen zur Bekämpfung des Terrorismus vom 27. Januar 1977" zu begrüßen (abgedr. im Europa-Archiv, Folge 6, 1977 D 139–142). Denn wie auch Hermann betont (1978, 1), „wird es notwendig sein, der Inter-

nationale des Terrors eine Internationale des Rechts entgegenzusetzen".

6. Die Bekämpfung des Terrorismus sollte danach in internationaler Kooperation an drei Fronten erfolgen:

a) auf repressivem Wege durch die *Polizei (Erhöhung des Erfolgsrisikos) gegenüber aktiven Terroristen,* d. h. insbesondere gegenüber solchen Personen, bei denen „die Freund-Feind-Zuordnung endgültig und irreversibel ist" (vgl. dazu *Guggenberger* 1976, 49);
b) durch *Abschreckung gegenüber Sympathisanten* und solchen, die es zu werden versprechen (diese Aufgabe erfüllen die *Anti-Terror-Gesetze*) und
c) durch *Ursachenforschung* mit dem Ziel, die die Entwicklung zum Terroristen eventuell „begünstigenden Faktoren" abzubauen und zu bekämpfen (zur *Vermeidung terroristischer Infektion der nachrückenden Generationen*).

Mit der letzteren Aufgabe, die in den Bereich der kriminologischen Forschung hineinreicht, beschäftigt sich der vorliegende Band, der zur weiteren Diskussion und Aufhellung der ätiologischen Frage beitragen möchte.

Bochum, den 1. Juni 1978

Hans-Dieter Schwind

Inhalt

Die Autoren

De Boor, Wolfgang

geb. 1917 in Schürsdorf (Kreis Eutin); 1935 Abitur am Gymnasium Philippinum Marburg/Lahn; 1935–1937 Wehrdienst; 1937–1941 Medizinstudium in Marburg und Jena; 1941 Staatsexamen und Promotion; 1941–1945 Sanitätsoffizier; 1945/46 ärztliche Ausbildung in Hamburg (Prof. Dr. Bansi); 1946–1950 psychiatrische Fachausbildung bei Prof. Dr. Kurt Schneider (Heidelberg); 1950 Habilitation in Köln; 1958 apl. Professor; 1963–1967 Jura-Studium an der Universität Köln; 1970 Gründung des Institutes für Konfliktforschung. Mehrere Monographien über forensisch-psychiatrisch-kriminologische Fragen. Seit 1974 Herausgeber der Schriftenreihe des IFK, die seit 1977 im S. Karger Verlag (Basel) erscheint.

Grossarth-Maticek, Ronald

Dr. phil., geb. 1940, studierte Medizin und Klinische Psychologie in Novi Sad und Belgrad, Soziologie in Heidelberg; Promotion 1973 in Heidelberg bei Priv.-Doz. Dr. H. Vetter, Prof. Dr. C. F. Graumann und Prof. Dr. H. Leferenz; 1968–1973 Projektleiter des Forschungsprojektes „Politische Sozialisation bei Heidelberger Studenten"; 1974–1976 Assistent an der Medizinischen Fakultät der Universität Heidelberg (Institut für Arbeits- und Sozialmedizin); 1976–1978 Projektleiter des interdisziplinär koordinierten Forschungsprojektes „Sozialwissenschaftliche Onkologie". Veröffentlichungen u. a.: „Revolution der Gestörten" (1975), „Anfänge anarchistischer Gewaltherrschaft" (1975), „Der linke und rechte Radikalismus", einige theoretische Aspekte und Untersuchungsergebnisse (1978), mehrere Arbeiten aus dem Gebiet der sozialwissenschaftlichen Medizin, besonders der psychosozialen Krebsforschung.

Meves, Christa

geb. 1925; Studium der Germanistik, Geographie und Philosophie an den Universitäten Breslau und Kiel; Staatsexamen in Hamburg, dort zusätzlich Studium der Psychologie; Ausbildung zur analytischen Kinder- und Jugendpsychotherapeutin an den Psychotherapeutischen Instituten Hannover und Göttingen; freipraktizierend in Uelzen. Veröffentlichungen u. a.: Wunschtraum und Wirklichkeit (1972), Freiheit will gelernt sein (1975), Kinderschicksal in unserer Hand (1974).

Müller-Luckmann, Elisabeth
geb. Luckmann, Dipl.-Psych., Dr. rer. nat.; geb. 1920; 1939–1943 Dienst bei der Luftwaffe, Studium der Psychologie teilweise gleichzeitig; 1944 Diplom-Prüfung für Psychologen; 1945 Promotion; wiss. Assistentin (alles bei Prof. Dr. Bernhard Herwig, Braunschweig); 1948 Studienaufenthalt Stockholm; 1955 Habilitation; 1960–1961 Lehrauftrag an der Universität Göttingen; 1962 Prof. an der Technischen Universität Braunschweig; 1969–1975 Vorsitzende der Deutschen Gesellschaft für Sexualforschung. 40 wissenschaftliche Veröffentlichungen.

Rupprecht, Reinhard
geb. 1934; Studium der Rechtswissenschaft und Volkswirtschaft 1953–1958; wissenschaftlicher Hilfsarbeiter im Bundesverfassungsgericht 1963–1969; stellvertretender Leiter der Münchner Kriminalpolizei 1969–1973; Leiter der Münchner Schutzpolizei 1974–1975; Vizepräsident beim Bundeskriminalamt seit 1976. Veröffentlichungen: Kommentar zum Bundesverfassungsgerichtsgesetz (1968/1971); juristische, polizeifachliche und kriminologische Beiträge in Sammelwerken und Fachzeitschriften; Sachbücher über Einbruchs- und Betrugsschutz (1975). Leiter der Bund/Länder-Arbeitsgruppe für Öffentlichkeitsarbeit gegen Terrorismus.

Schwind, Hans-Dieter
Dr. jur.; geb. 1936; studierte Jura an den Universitäten München und Hamburg; 1966 Promotion bei Prof. Dr. Rudolf Sieverts; 1967 Assessorexamen; 1968 wiss. Assistent an der Universität Göttingen (bei Prof. Dr. Schüler-Springorum); 1970 Gerichtsassessor; 1973 Akademischer Rat; 1974 o. Prof. für Kriminologie und Strafvollzug an der Ruhr-Universität Bochum; 1978 Ernennung zum Niedersächsischen Minister der Justiz. Veröffentlichungen u. a.: Ungebührliches Verhalten vor Gericht und Ordnungsstrafe (1973); Verbrechen und Schwachsinn (1975); Dunkelfeldforschung in Göttingen 1973/74 – Projektleitung (1975); Strafvollzug in der Praxis – Mithrsg. (1976); Empirische Kriminalgeographie, Bestandsaufnahme und Weiterführung am Beispiel von Bochum – Projektleiter (1978).

Veelken, Ludger
Dr. päd.; Dipl. theol.; geb. 1938; studierte Rechtswissenschaft, Philosophie und Theologie 1957–1964 an den Universitäten Münster, München und Würzburg; 1964 Diplom; Unterricht an Schulen, Jugendarbeit und Gemeindeseelsorge 1964–1973 in Münster und Beckum; 1971–1976 Studium der Erziehungswissenschaften (Soziologie, Psychologie und Sozialpädagogik) an der Pädagogischen Hochschule Ruhr/Dortmund; 1976 Promotion; 1976–1978 wissenschaftl. Hilfskraft im Fach Soziologie an der Pädagogischen Hochschule Ruhr/Dortmund; 1978 wiss. Angestellter im Fach Psychologie; 1977/1978 beratender Experte im Jugendzentrum „Märkische Stra-

ße"; 1977 Lehrbeauftragter der Pädagogischen Hochschule Niedersachsen, Abt. Hannover; 1978 Lehrbeauftragter der Staatlichen Kunstakademie Düsseldorf. Veröffentlichungen u. a.: Kirchliche Jugendarbeit – Programm und Wirklichkeit (1972); Versuche zur Grundlegung einer Identitätstheorie und ihrer soziologischen Aspekte sowie ihre Bedeutung für die außerschulische Jugendarbeit (Dissertation 1977); Politische Bildung und Identitätsentfaltung (1977); Einführung in die Identitätstherapie. Vorschläge für die Praxis identitätsentfaltender Jugendarbeit (1978).

Wichtige Daten aus der Chronik des Terrorismus in der Bundesrepublik Deutschland

1967/68

2. 6. 1967 (West-Berlin) — Demonstrationen anläßlich eines Staatsbesuches des Schahs von Persien. Bei Auseinandersetzungen mit der Polizei wird der Student *Benno Ohnesorg* erschossen. In West-Berlin und in der Bundesrepublik reagieren linke Studenten mit Protestmärschen und Teach-in.

2. 4. 1968 (Frankfurt) — Brandstiftung in zwei Frankfurter Warenhäusern. Als Tatverdächtige werden drei Tage später *Gudrun Ensslin, Thorwald Proll, Horst Söhnlein* und *Andreas Baader* festgenommen (der Prozeß beginnt am 14. 10. 1968 vor dem Landgericht Frankfurt).

11. 4. 1968 (West-Berlin) — Der linke Studentenführer *Rudi Dutschke* wird durch einen jungen Rechtsradikalen schwer verletzt. Daraufhin finden in West-Berlin und im ganzen Bundesgebiet Protestdemonstrationen statt; bei verschiedenen Ausschreitungen kommt es zu Sachschäden.

1969/70

In West-Berlin kommt es zu zahlreichen Sprengstoffanschlägen gegen Justizbeamte, Polizeidienststellen und Kaufhäuser.

14. 5. 1970 (West-Berlin) — *Ulrike Meinhof, Ingrid Schubert* und *Irene Goergens* befreien *Andreas Baader* aus dem Vollzugsgewahrsam (anläßlich einer Ausführung Baaders aus der JVA Tegel, die der Rechtsanwalt *Mahler* für seinen Mandanten erwirkt hatte); bei der Befreiungsaktion wurde ein 63jähriger Angestellter der FU getötet.

29. 9. 1970 (West-Berlin)	Bei drei Banküberfällen erbeuten die Täter, die die Polizei in Terroristenkreisen sucht, an einem Tag insgesamt 220 000 DM.

1971/72

Die Brand- und Sprengstoffanschläge greifen auf die Bundesrepublik über, vor allem auf München, Frankfurt und Hamburg, aber auch auf Hannover, Kiel, Kaiserslautern, Ludwigshafen, Augsburg und Heidelberg.

15. 6. 1971 (Hamburg)	Die mutmaßliche Terroristin *Petra Schelm* wird bei einem Schußwechsel mit der Polizei anläßlich einer Verkehrskontrolle getötet; ihr Begleiter, *Werner Hoppe,* kann festgenommen werden.
22. 10. 1971 (Hamburg)	Bei der Verfolgung der mutmaßlichen Terroristin *Margot Schiller* wird der Polizeimeister *Norbert Schmid* erschossen.
4. 12. 1971 (West-Berlin)	Bei einer Fahndungsaktion wird der gesuchte Student *Georg von Rauch* erschossen.
2. 2. 1972 (West-Berlin)	Der Bootsbauer *Erwin Beelitz* kommt bei einem Sprengstoffanschlag auf den britischen Yachtclub in Berlin-Gatow ums Leben; die „Bewegung 2. Juni" übernimmt die Verantwortung.
2. 3. 1972 (Augsburg)	Bei einer Fahndungsaktion nach Mitgliedern der „Baader-Meinhof-Bande" wird *Thomas Weissbecker* getötet; seine Begleiterin *Carmen Roll* wird festgenommen.
2. 3. 1972 (Hamburg)	Nach einem Schußwechsel mit der Polizei werden *Manfred Grashof* und *Wolfgang Grundmann* festgenommen; Kriminalhauptkommissar *Hans Eckhardt* erliegt am 22. 3. 1972 seinen Schußverletzungen.
11. 5. 1972 (Frankfurt/M.)	Bombenanschlag auf das 5. amerikanische Armeecorps in Frankfurt/M.; ein amerikanischer Offizier wird getötet, 13 weitere Personen verletzt; ein „Kommando Petra Schelm" übernimmt „die Verantwortung".
15. 5. 1972 (Karlsruhe)	Explosion einer Bombe im Auto von Bundesrichter *Wolfgang Buddenberg,* der mit Ermittlungen gegen die Terroristen befaßt war; Frau Buddenberg wurde erheblich verletzt.
19. 5. 1972 (Hamburg)	Bombenanschlag auf das Springer-Haus: 17

	Verletzte. Das „Kommando 2. Juni" übernahm „die Verantwortung".
24. 5. 1972 (Heidelberg)	Bei Anschlägen auf das europäische Hauptquartier der amerikanischen Armee in Heidelberg werden drei Soldaten getötet. Zu diesem Terrorakt bekennt sich ein „Kommando 15. Juni – Rote Armee Fraktion".
1. 6.–15. 6. 1972	Festnahme der mutmaßlichen Terroristen *Andreas Baader, Holger Meins, Jan-Carl Raspe* (am 1. 6. in Frankfurt/M.), *Gudrun Ensslin* (am 7. 6. in Hamburg) sowie von *Ulrike Meinhof* und *Gerhard Müller* (am 15. 6. in Hannover).

1973/74

Weitere Eskalation des Bombenterrors. Anschläge (in zeitlicher Reihenfolge) in Kampen/Sylt (auf Springers Gästehaus), Homburg/Saar (auf die Garage des psychiatrischen Gutachters Prof. *Witter*), Berlin (Messestand einer israelischen Firma), München (Textilabteilung mehrerer Kaufhäuser), Mönchengladbach (britisches Hauptquartier), Böblingen (US-Kaserne), Hannover (Haus des Rechtsanwalts Dr. *von Winterfeld*), Berlin (Bankfiliale), Darmstadt (Polizeirevier), Köln (Gebäude des Bundesverbandes für Industrie), Köln (Iranische Botschaft), Berlin (chilenisches Generalkonsulat), Erlangen (Landpolizei-Station), Frankfurt/M. (israelisches Verkehrsbüro), Berlin (Polizei-Inspektion Schöneberg), Göttingen (Polizeikraftfahrzeug), Sieversen (Garten des Landgerichtsdirektors *Ziegler*). Dazu kommen zahlreiche Fälle von Bankraubtaten im gleichen Zeitraum.

17. 1.–16. 2. 1973	Hungerstreik der BM-Häftlinge aus Protest gegen angebliche „Isolationshaft".
17. 5. 1973	Das Bundesverfassungsgericht verwirft die Beschwerde der BM-Häftlinge gegen die Haftbedingungen; die auferlegten Beschränkungen sind mit dem Grundgesetz vereinbar.
5. 8. 1974	Der Anarchist *Ulrich Schmücker* wird durch ein Hinrichtungskommando der „Bewegung 2. Juni" ermordet.
4. 10. 1974 (Hamurg)	Bombenanschlag auf den Hamburger Justizsenator *Ulrich Klug* in seinem Privathaus.
9. 11. 1974 (Wittlich/Eifel)	*Holger Meins* stirbt in der Haftanstalt Wittlich/Eifel an den Folgen eines Hungerstreiks, in dem sich 59 BM-Häftlinge seit dem 13. 9. befanden. Es folgen insgesamt 50 Demonstra-

tionen und Aktionen in der ganzen Bundesrepublik; es wird behauptet, *Meins* sei ermordet worden.

10. 11. 1974 (West-Berlin) Der Kammergerichtspräsident *Günter von Drenkmann* wird – vermutlich bei einem mißglückten Entführungsversuch – von Terroristen erschossen. Die „Rote Armee Fraktion, A. O." übernimmt für diesen Anschlag „die Verantwortung".

30. 11. 1974 (Kronberg i. T.) Pistolenattentat auf den Bundestagsabgeordneten der CDU *Walter Leisler Kiep.*

1975

Die Reihe der Raubüberfälle und Bombenanschläge reißt nicht ab. Die Tatorte liegen u. a. in Meinersen/Gifhorn, Berlin, Karlsruhe, Eutin, Koblenz, Ludwigshafen, Mainz, Köln, München, Fulda, Hamburg, Nürnberg, Kaiserslautern und Frankfurt/M.

5. 2. 1975 (Stuttgart-Stammheim) Die BM-Häftlinge beenden in Stuttgart-Stammheim ihren Hunger- und Durststreik.

27. 2. 1975 (West-Berlin) Entführung des Westberliner CDU-Vorsitzenden *Peter Lorenz;* die „Bewegung 2. Juni" fordert mit Erfolg den Austausch ihres „Gefangenen im Volksgefängnis" gegen sechs BM-Häftlinge; fünf werden in den Jemen ausgeflogen, der sechste, der Rechtsanwalt *Mahler,* verzichtet auf die Befreiung. Lorenz wird von seinen Entführern freigelassen.

4. 3. 1975 (Karlsruhe) Sprengstoffanschlag auf das Bundesverfassungsgericht. Zur Täterschaft bekennen sich „Frauen der Revolutionären Zelle", die ihren Anschlag damit begründen, daß das Bundesverfassungsgericht die Fristenlösung für den Schwangerschaftsabbruch (Drei-Monats-Frist) für verfassungswidrig erklärte.

24. 4. 1975 (Stockholm) Die Terroristen *Dellwo, Taufer, Rössner, Krabbe, Hausner* und *Wessel* überfallen die deutsche Botschaft in Stockholm. Als ihre Forderung auf den Austausch von 12 Geiseln gegen 26 in der Bundesrepublik einsitzende Terroristen nicht erfüllt wird, zünden sie (versehentlich?) eine Bombe, die das Gebäude erheblich beschädigt. Im Verlaufe der Geiselak-

	tion werden der Militärattaché *von Mirbach* sowie der Botschaftsrat *Heinz Hillegeist* getötet; außerdem kommt der Terrorist *Ulrich Wessel* bei Schießereien mit der Polizei ums Leben, während der Terrorist *Siegfried Hausner* später seinen Verletzungen erliegt; die übrigen Terroristen werden verhaftet.
9. 5. 1975 (Köln)	Bei einer Kontrolle eines verdächtigen Personenkraftwagens kommt es zu einer Schießerei zwischen Mitgliedern der „Bewegung 2. Juni“ und der Polizei, in deren Verlauf der mutmaßliche Terrorist *Werner Sauber* und der Polizeibeamte *Walter Pauli* getötet werden.
9. 9. 1975 (West-Berlin)	In einer Berliner Ladenwohnung werden die mutmaßlichen Terroristen *Ralf Reinders, Inge Viett* und *Juliane Plambeck* festgenommen, bei denen unter anderem zwei Notizbücher von *Peter Lorenz* gefunden werden.
13. 9. 1975 (West-Berlin)	Die mutmaßlichen Terroristen *Fritz Teufel* und *Gabriele Friderike Rollnick* werden in einer Wohnung der Westberliner Koloniestraße 33 festgenommen.
8. 10. 1975 (Mainz)	Sprengstoffanschlag auf das spanische Konsulat; zu dieser Tat bekennt sich das „Kommando 20. September“.
16. 10. 1975 (Hamburg)	Mordanschlag auf die Tochter des damaligen Hamburger Justizsenators Prof. Dr. *Klug,* der vier Tage später einen Drohbrief der RAF erhält: „Die nächste Kugel trifft . . .“.
21. 12. 1975 (Wien)	Während einer OPEC-Konferenz in Wien nehmen sechs Terroristen 70 Geiseln, unter denen sich 11 Ölminister befanden. Drei Menschen werden getötet. Zu den Tätern gehören die beiden deutschen Terroristen *Hans-Joachim Klein* (der sich später von seinen Gesinnungsgenossen lossagt) und *Gabriele Kröcher-Tiedemann,* die inzwischen wegen der Beteiligung am Mord an *Jürgen Ponto* (30. 7. 1977) gesucht wird.

1976

Rund 150 Brand- und Sprengstoffanschläge werden in über 50 deutschen Städten registriert.

1. 1. 1976 (Frankfurt/M.)	Sprengstoffanschlag auf das chilenische Generalkonsulat, bei dem unter anderem chilenische Blankopässe und Stempel usw. gestohlen werden.
3. 1. 1976 (Stuttgart)	Sprengstoffanschlag auf das Generalkonsulat Jugoslawiens.
8./9. 5. 1976 (Stuttgart)	*Ulrike Meinhof* erhängt sich in ihrer Zelle in der Justizvollzugsanstalt Stuttgart-Stammheim. Als „Rache an der Ermordung von Ulrike Meinhof" werden innerhalb und außerhalb Deutschlands rund 30 Sprengstoff- und Brandanschläge verübt. Darüber hinaus werden zahlreiche Demonstrationen durchgeführt, bei denen von Sympathisanten Molotow-Cocktails und Schlagwerkzeuge eingesetzt werden.
1. 6. 1976 (Frankfurt/M.)	Bei einem Bombenanschlag auf das Hauptquartier des 5. US-Corps werden 16 Personen z. T. schwer verletzt. Die Verantwortung übernimmt eine „Revolutionäre Zelle".
27. 6. 1976 (Entebbe)	Entführung eines Air-Busses der „Air France" mit 257 Passagieren nach Entebbe in Uganda. Durch die Geiselnahme soll die Freilassung von 53 Terroristen erzwungen werden, die in verschiedenen Ländern inhaftiert sind. U. a. wird auch der Austausch der einsitzenden Deutschen *Jahn-Carl Raspe, Inge Viett, Ralf Reinders, Fritz Teufel, Ingrid Schubert* und *Werner Hoppe* verlangt.
4. 7. 1976 (Entebbe)	Israelische Spezialeinheiten befreien die Geiseln der Air-Bus-Entführung vom 27. 6. 1976. Dabei kommen die deutschen mutmaßlichen Terroristen *Wilfried Böse* und *Brigitte Kühlmann* ums Leben.
7. 7. 1976 (West-Berlin)	*Monika Berberich, Juliane Plambeck, Gabriele Friderike Rollnick* und *Inge Viett* bre-

	chen aus der Frauenhaftanstalt Lehrter Straße aus.
16. 7. 1976 (Stuttgart)	Rechtsanwalt Dr. *Croissant* wird verhaftet. Am 19. 8. 1978 wird er aus der Haft wieder entlassen.
21. 7. 1976 (Athen)	Der Professorensohn *Rolf Pohle* wird in Athen verhaftet; Pohle war am 3. 3. 1975 zusammen mit vier anderen Terroristen gegen *Peter Lorenz* ausgetauscht und in den Südjemen ausgeflogen worden.
1. 10. 1976 (Athen)	Der AREOPAG, der oberste griechische Gerichtshof, stimmt dem Ersuchen der deutschen Bundesregierung auf Auslieferung des Terroristen *Rolf Pohle* zu; *Pohle* wird nach Deutschland ausgeflogen und in die Justizvollzugsanstalt Straubing eingeliefert.
8. 10. 1976 (Bern)	Brandanschläge auf die deutsche und spanische Botschaft aus Protest gegen die Auslieferung Pohles.
30. 11. 1976 (Butzbach)	Festnahme des zur Fahndung ausgeschriebenen Rechtsanwalts *Siegfried Haag* und seines Begleiters *Roland Mayer*. Bei beiden Verhafteten werden u. a. auch Geldscheine aus Banküberfällen auf die Commerzbank Köln (20. 9. 1976) und auf die Vereinsbank Hamburg (15. 11. 76) gefunden.

1977

Die Kette der Sprengstoff- und Brandanschläge reißt nicht ab; die Rücksichtslosigkeit der Aktionen nimmt eher zu als ab.

27. 1. 1977	„Europäisches Übereinkommen zur Bekämpfung des Terrorismus" (abgedruckt in Europa-Archiv, Folge 6, 1977, D 139–142).
24. 3. 1977 (Frankfurt/M.)	Sprengstoffanschlag auf die Wohnung des Vorsitzenden der Frankfurter Anwaltskammer *Klaus Schmalz;* zur Täterschaft bekennen sich die „Revolutionären Zellen".
29. 3. 1977 (Stammheim)	Die Terroristen *Baader, Ensslin* und *Raspe,* die Hauptangeklagten des Stammheimer Terroristenprozesses, beginnen einen neuen Hungerstreik, dem sich 50 weitere Häftlinge,

	die in acht verschiedenen Justizvollzugsanstalten einsitzen, anschließen; später kommt noch ein Durststreik hinzu, der nach Aufhebung von Haftverschärfungen am 10. 4. wieder beendet wird.
7. 4. 1977 (Karlsruhe)	Der Generalbundesanwalt *Siegfried Buback* und sein Fahrer werden auf der Fahrt zum Gebäude der Bundesanwaltschaft auf offener Straße von einem vorbeifahrenden Motorrad aus mit einer Maschinenpistole erschossen. Zu dieser Tat bekennt sich ein „Kommando Ulrike Meinhof – Rote Armee Fraktion".
28. 4. 1977 (Stuttgart)	*Andreas Baader, Gudrun Ensslin* und *Jahn Carl Raspe* werden wegen vierfachen Mordes durch den 2. Strafsenat des OLG Stuttgart zu lebenslanger Freiheitsstrafe verurteilt.
30. 4. 1977 (Stammheim)	Beendigung des Hungerstreiks nach vier Wochen Dauer, nachdem den Häftlingen die Verlegung von fünf weiteren, in anderen JVA einsitzenden Terroristen nach Stammheim innerhalb von sechs Wochen zugesagt worden war.
3. 5. 1977 (Singen)	In Singen/Hohentwiel werden die des Mordes an *Siegfried Buback* verdächtigen mutmaßlichen Terroristen *Günther Sonnenberg* und *Verena Becker* verhaftet. Bei einem Schußwechsel erleidet ein Polizeibeamter lebensgefährliche Verletzungen, ein anderer erhält einen Armdurchschuß. Sonnenberg wird durch einen Kopfschuß schwer verletzt. *Verena Bekker* durch einen Oberschenkelschuß leicht verletzt.
2. 6. 1977 (Kaiserslautern)	Die Schwurgerichtskammer des LG Kaiserslautern verurteilt die Terroristen *Manfred Grashof* und *Klaus Jünschke* wegen Mordes und anderem zu lebenslanger Freiheitsstrafe.
11. 7. 1977	Rechtsanwalt Dr. *Claus Croissant,* dessen Haftbefehl wegen Unterstützung einer kriminellen Vereinigung gegen Kaution und Auflagen außer Vollzug gesetzt war, flieht und sucht in Frankreich um politisches Asyl nach.
20. 7. 1977 (Düsseldorf)	Der 4. Strafsenat des OLG Düsseldorf verurteilt die Terroristen *Carl-Heinz Dellwo,*

	Hanne Elise Krabbe, Lutz Taufer und *Bernhard Rössner* zu lebenslanger Freiheitsstrafe.
30. 7. 1977 (Oberursel/ Hessen	Der Vorstandsvorsitzende der Dresdner Bank, *Jürgen Ponto,* wird in seinem Wohnhaus von Terroristen getötet, zu denen wahrscheinlich auch *Susanne Albrecht* gehört, eine gute Bekannte der Familie Ponto, die sich kurz vor der Tat an der Sprechanlage des Hauses gemeldet hatte: „Hier ist Susanne."
15. 8. 1977 (Karlsruhe)	In einem der Bundesanwaltschaft gegenüberliegenden Gebäude wird ein selbstgebauter Raketenwerfer („Stalinorgel") gefunden.
5. 9. 1977 (Köln)	In Köln wird der Präsident des Bundesverbandes der Deutschen Arbeitgeberverbände, *Hanns-Martin Schleyer,* entführt. Bei der Aktion kommen alle Begleiter von Schleyer ums Leben einschließlich des Fahrers des Wagens.
22. 9. 1977 (Utrecht)	*Knut Folkerts,* der im Büro eines Autoverleihs festgenommen wird, erschießt einen holländischen Polizeibeamten und verletzt einen anderen schwer.
13. 10. 1977 (Rückflug von Mallorca)	Die deutsche Lufthansamaschine „Landshut" wird auf dem Rückflug von Palma de Mallorca entführt. Die Terroristen wollen die 86 Passagiere gegen elf deutsche und zwei türkische Terroristen freipressen.
17. 10. 1977 (Aden/ Südjemen	Der deutsche Flugkapitän der „Landshut" *(Jürgen Schumann)* wird von Terroristen erschossen.
18. 10. 1977 (Mogadischu/ Somalia)	Einer Einheit des Bundesgrenzschutzes (GSG 9) gelingt es, die Geiseln aus der Landshut zu befreien; dabei werden drei Terroristen getötet.
18. 10. 1977 (Stuttgart-Stammheim)	Wenige Stunden nach der Befreiungsaktion nehmen sich die Terroristen *Andreas Baader, Jan Carl Raspe* und *Gudrun Ensslin* in ihren Zellen in Stuttgart-Stammheim das Leben. Der Selbstmord von *Ingrid Möller* mißlingt.
19. 10. 1977 (Mulhouse/ Elsaß)	*Hanns Martin Schleyer* wird im Kofferraum eines PKW tot aufgefunden.
11. 11. 1977 (Amsterdam)	Nach einem Feuergefecht mit der Polizei werden in Amsterdam *Christoph Wackernagel* (der an der Schleyer-Entführung beteiligt ge-

	wesen sein soll) sowie der mutmaßliche Terrorist *Richard Schneider* festgenommen, der bei dem Schußwechsel schwer verletzt wird; drei holländische Polizeibeamte bleiben nur deshalb unverletzt, weil sie kugelsichere Westen tragen.
20. 12. 1977 (Schweizer Grenze)	Nach einer Schießerei an der französisch-schweizerischen Grenze im nördlichen Berner Jura (Fahy) werden zwei weitere mutmaßliche Terroristen verhaftet: *Christian Möller* und *Gabriele Kröcher-Tiedemann.* Zwei schweizer Zollbeamte werden durch Schüsse verletzt.
20. 12. 1977 (Utrecht)	Der deutsche Terrorist *Knut Folkerts* wird von einem holländischen Gericht in Utrecht wegen Mordes an einem Polizeibeamten und versuchten Mordes an einem zweiten Beamten zu 20 Jahren Freiheitsstrafe verurteilt.

1978

22. 1. 1978 (Hamburg)	Die mutmaßliche Terroristin *Christiane Dorothea Kuby* wird nach einem Schußwechsel in Hamburg verhaftet. Ein Polizeibeamter wird in die Brust getroffen, die Täterin wird am Ellenbogen und am Bauch leicht verletzt.
16. 2. 1978 (Bonn)	Der Bundestag verabschiedet nach dem sog. Anti-Terrorismusgesetz vom 18. 8. 76 und dem sog. Kontaktsperregesetz vom 30. 9. 1977 ein weiteres Gesetzespaket zur wirkungsvolleren Bekämpfung des Terrorismus (Gesetz zur Änderung der Strafprozeßordnung vom 14. April 1978).
16. 3. 1978 (Rom)	Der Vorsitzende der Democrazia Cristiana und frühere italienische Ministerpräsident *Aldo Moro* wird von 12 Mitgliedern der „Roten Brigaden“ entführt; seine fünf Sicherheitsbeamten werden getötet. Italiens Parteien (einschließlich der KPI!) lehnen in den folgenden Wochen nahezu einmütig den geforderten Austausch des Entführten gegen einsitzende Terroristen ab.
9. 5. 1978 (Rom)	In der Nähe der Parteizentrale der Democra-

	zia Cristiana und der KPI wird die Leiche des 61jährigen *Moro* im Gepäckraum eines Renault R 4 aufgefunden.
12. 5. 1978 (Paris)	Die nach der Ermordnung Schleyers eingeleitete Großfahdung brachte einen weiteren Erfolg: In Paris wird der steckbrieflich gesuchte *Stefan Wisniewski* gefaßt, der zu den führenden Köpfen der „Rote-Armee-Fraktion" gezählt wird. W. wird noch am selben Tag in die Bundesrepublik abgeschoben.
25. 5. 1978 (Paris)	Die mutmaßliche Terroristin *Brigitte Folkerts,* Schwägerin des in den Niederlanden verurteilten Terroristen *Knut Folkerts,* wird auf dem Pariser Flughafen Orly festgenommen und einen Tag später an die Bundesrepublik Deutschland ausgeliefert.
27. 5. 1978 (West-Berlin)	Der mutmaßliche Terrorist *Till Meyer* wird von zwei Frauen aus der Westberliner Untersuchungshaftanstalt Moabit mit Waffengewalt befreit. Meyer gehört zu sechs Angeklagten, denen die Ermordung des Kammergerichtspräsidenten *Günter Drenkmann* zur Last gelegt wird, sowie die Entführung des Westberliner CDU-Landesvorsitzenden *Peter Lorenz.*
28. 5. 1978 (Zagreb/ Jugoslawien)	In Bonn wird bekannt, daß in den letzten Wochen in Jugoslawien vier weitere mutmaßliche Terroristen verhaftet werden konnten; dabei handelt es sich um *Peter-Jürgen Boock, Sieglinde Hofmann, Rolf Clemens Wagner* und *Brigitte Mohnhaupt,* denen u. a. vorgeworfen wird, an der Ermordung des Vorstandssprechers der Dresdner Bank, *Ponto,* an der Ermordnung des Arbeitgeberpräsidenten *Hanns Martin Schleyer* und an der Ermordung des Generalbundesanwalts *Buback* beteiligt gewesen zu sein.
31. 5. 1978 (West-Berlin)	Es kommt zu Anschlägen auf zwei der Pflichtverteidiger, die im Lorenz/von Drenkmann-Prozeß angeklagte mutmaßliche Terroristen vertreten. Einer der Anwälte wird durch einen Schuß ins Bein verletzt, der zweite entdeckte an seinem Auto ein Sprengstoffpaket, das je-

	doch von Bombenexperten entschärft werden konnte.
1. 6. 1978 (Bonn)	Der frühere Bundesinnenminister und CSU-Politiker *Hermann Höcherl,* der von der Bundesregierung entsprechend beauftragt worden war, legt dem Bundeskanzler einen Bericht über die Ursachen der Fehler bei der Fahndung nach den Entführern des Arbeitgeberpräsidenten Schleyer vor.
1. 6. 1978 (Essen)	Die Konferenz der Länderjustizminister erklärt zum Abschluß einer Tagung in Essen, in der Terrorismusbekämpfung könne es notwendig werden, weitere gesetzgeberische Maßnahmen zu treffen.
21. 6. 1978 (Feriensiedlung Sonnenstrand/ Bulgarien)	Der am 27. 5. 1978 aus der Westberliner Untersuchungshaftanstalt Moabit befreite mutmaßliche Terrorist *Till Meyer* wird zusammen mit den mutmaßlichen Terroristinnen *Gabriele Rollnick, Gudrun Stürmer* und *Ingrid Barnabas* in Bulgarien erneut festgenommen.
17. 7. 1978 (USA/Kanada)	Die 27 Jahre alte deutsche mutmaßliche Terroristin *Kristina Berster* wird an der kanadisch-amerikanischen Grenze festgenommen.
1. 8. 1978 (Karlsruhe)	Das Bundesverfassungsgericht stellt fest, daß das sog. Kontaktsperregesetz vom 30. 9. 1977 mit dem Grundgesetz vereinbar ist.

Zur Entwicklung des Terrorismus in der Bundesrepublik Deutschland

von Hans-Dieter Schwind

I. Zur Definition „Terrorismus"

Der Terrorismus ist keine bloße Erscheinung der Neuzeit; er ist auch nicht nur auf die Bundesrepublik Deutschland beschränkt. Terroristische Anschläge hat es vielmehr zu allen Zeiten und wahrscheinlich in allen Teilen der Erde gegeben. Insoweit sei nur an die russische Geschichte erinnert (Middendorff 1976, 291 ff.; Wördemann 1977, 77) oder an den Bombenterror in Nordirland, also an den Kleinkrieg zwischen Katholiken und Protestanten, der seit 1969 schon zum Tode von über 500 Menschen geführt hat (vgl. *Middendorf* 1976, 295). Mitunter richtet sich die Gewalt aber auch nur gegen Sachen; so haben sich z. B. die englischen Suffragetten zu Beginn dieses Jahrhunderts (1912) mit der Zerstörung von Schaufensterscheiben in der vornehmen Einkaufsgegend um den Piccadilly-Circus zufriedengegeben (vgl. *Middendorff* 1976, 290). Allerdings kann man darüber streiten, ob diese Aktion bereits terroristisch genannt werden kann. Denn darüber, welche konkreten Aktivitäten in dieser Weise qualifiziert werden müssen, besteht (naturgemäß) Uneinigkeit. So hängt die Antwort nicht zuletzt vom politischen Standpunkt des Beurteilers ab. Dementsprechend heben einige Autoren in ihrer Definition mehr auf den politischen Aspekt ab, während andere mehr die strafrechtliche Beurteilung in den Vordergrund rücken; einige fassen den Begriff „Terror" eng, andere weiter. Verschiedene Autoren beschränken sich darauf, die typischen Merkmale des Terrorismus zu beschreiben wie z. B. *Tophoven* (1977, 238) der „Schläge gegen Unschuldige zur Verbreitung von Furcht und Unsicherheit" als solche hervorhebt. Nach *Buchheim* (1978, 7) „bezeichnen wir als Terror die Methode, durch Erzeugung von Schrecken Menschen unter Zwang zu stellen und auf diese Weise seinen Willen durchzusetzen". Nach

Wördemann (1977, 24) ist unter Terrorismus „die Gewaltanwendung durch die kleine und isolierte Gruppe (zu verstehen), die nicht über die Kraft verfügt, die etablierte Macht des Terrors oder die allgemein akzeptierte Macht des Rechts und des Gesetzes auf breiterer Front, durch den Aufstand der Masse oder mit konventionellen Methoden anzugreifen". Einigkeit scheint bei diesen und verschiedenen anderen Definitionen nur insoweit vorhanden zu sein, „als man den Begriff ‚Terrorismus' in der öffentlichen Diskussion der Bundesrepublik hauptsächlich zur Bezeichnung von Gewaltakten nichtstaatlicher Gruppen gegen Personen und Sachen, die staatliche oder im weiteren Sinne öffentliche Macht repräsentieren, verwendet" (so *Kreis* 1977, 158). Diese Begriffsbestimmung dürfte jedoch zu allgemein sein. Im Anschluß an die bisherigen Versuche einer Definition könnte man den Terrorismus vielleicht genauer auch als

- ein (primär) politisch motiviertes Verhalten
- einer nichtstaatlichen Gruppe ohne demokratische Wahlchancen beschreiben, das darauf abzielt,
- durch Gewaltakte gegen Personen und (oder) Sachen
- Menschen (insbesondere die politische Führung demokratischer Staaten) unter Zwang zu stellen, um auf diese Weise ihren Willen durchzusetzen.

II. Von den Anfängen der APO bis zum Sturm auf die Westberliner Niederlassung des Springer-Konzerns

1. Die Anfänge des Terrorismus in der Bundesrepublik Deutschland reichen in die Zeit der Studentenunruhen der 60er Jahre zurück. Vor allem Mitglieder des „Sozialistischen Deutschen Studentenbundes" (SDS), die sich seit 1966 (während der Periode der Großen Koalition) als Kern einer „Außerparlamentarischen Opposition" (APO) verstanden (vgl. *Kahl* 1978, 59), versuchten mit Hilfe provokatorischer Protestaktionen politische und gesellschaftliche Reformen zu erzwingen, die primär auf die Veränderung des bestehenden Regierungs- und Gesellschaftssystems abzielten (zu den Gründen vgl. ausführlich *Fetscher* 1977, 11–14). Die Demonstrationen der Jugendlichen und Studenten richteten sich aber auch gegen den Vietnamkrieg der Vereinigten Staaten, gegen die Notstandsgesetze, gegen den „Konsumterror" und gegen Presseverlage.

Zulauf aus studentischen Kreisen bekam die Bewegung vor allem auch deshalb, weil sie sich für Hochschulreformen stark machte.

2. Nachdem Vertreter der APO 1967/68 die Gewalt als ein anderes Mittel der Demonstration herausgestellt hatten, kam es am 2. Juni 1967 zu tätlichen Ausschreitungen der Demonstranten anläßlich eines Besuchs des Schahs von Persien in Berlin. Bei der Bekämpfung der Demonstrationen durch die Polizei wurde der Student *Benno Ohnesorg* von dem Polizisten *Karl-Heinz Kurras* erschossen. Zehn Monate später gerieten in den Abendstunden des 2. April 1968 in der Innenstadt Frankfurts zwei Kaufhäuser (Kaufhaus Schneider und Kaufhof) in Brand, und zwar durch Sprengkörper, die aus einem Plastikbehälter mit einer brennbaren Flüssigkeit und einem batteriegespeisten Uhrenwecker bestanden (vgl. *Kahl* 1978, 56); als mutmaßliche Brandstifter konnte die Polizei vier Personen festnehmen, unter denen sich die 27jährige Germanistikstudentin *Gudrun Ensslin,* eine Pfarrerstochter aus Schwaben, befand, sowie deren Bekannter *Andreas Baader,* der sich für einen freien Journalisten ausgab. Beide wurden später von dem Berliner Rechtsanwalt *Horst Mahler* verteidigt; die publizistische Hilfe leistete vor und während des Prozesses *Ulrike Meinhof,* eine Kolumnistin der Hamburger (Studenten-)Zeitschrift „Konkret". Das Vorbild für die Kaufhausbrände in Frankfurt hatte ein Kaufhausbrand am 22. Mai 1967 in Brüssel gebildet, bei dem 253 Menschen ums Leben kamen (vgl. *Boeden* 1978, 25). Zwei Tage nach diesem Brand hatten die „Kommunarden" *Kunzelmann, Teufel* und *Langhans* in einem Flugblatt nachahmende Brände in Deutschland gefordert, und zwar unter anderem mit folgenden Worten: „Ein brennendes Kaufhaus mit brennenden Menschen vermittelte zum ersten Mal in einer europäischen Großstadt jenes knisternde Vietnam-Gefühl (dabeizusein und mit zu brennen), das wir in Berlin bislang noch missen müssen." (zit. nach *Kahl* 1978, 58). Neun Tage nach den Frankfurter Kaufhausbränden (am 11. April 1968) versuchten dann Studenten unter Führung des Rechtsanwalts *Mahler,* das 20geschossige Hochhaus der Westberliner Niederlassung des Springer-Verlages zu stürmen; dabei kam es zu beträchtlichen Schäden: u. a. wurden auch einige Zeitungsfahrzeuge des Verlages verbrannt. Einem starken Polizeiaufgebot gelang es jedoch, den Kern der Angreifer, etwa 1000 Studenten und Jugendliche, aufzulösen und die Demonstration zu zerstreuen.

III. Stadtguerilla und RAF

1. In den folgenden zwei Jahren, in denen die Kampagne gegen die Notstandsgesetze im Vordergrund stand, zerfiel der harte Kern der außerparlamentarischen Opposition, der aus den sogenannten „Antiautoritären" bestand, in verschiedene kleine, extremistische Gruppen, in denen über Marxismus und Revolution diskutiert wurde. *Christian Semmler, Peter Neitzke* und *Jürgen Horlemann* legten im Dezember 1969 ein Thesenpapier über „Die erste Etappe des Aufbaus der Kommunistischen Partei des Proletariats" vor und gründeten im Frühjahr 1970 die KPD-AO (Aufbauorganisation), die heutige KPD (vgl. *Römelt* 1975, 529). *Ulrike Meinhof, Mahler* und *Baader* bauten hingegen 1970/71 eine sogenannte „Rote-Armee-Fraktion" (RAF) auf, die das „Konzept der Stadtguerilla" des bolivianischen Revolutionärs und Kommunisten *Carlos Marighella* in der Bundesrepublik durchsetzen will (vgl. *Römelt* 1965, 530). Das Wort „Guerilla" entstand während der Befreiungskämpfe der Spanier (1808–1814) gegen die Herrschaft Kaiser Napoleons und bedeutet nichts anderes als „kleiner Krieg" (vgl. *Vorwerck* 1971, 403). Marighella, dem auch die Erfindung der Entführung hochgestellter Persönlichkeiten des Landes zu Erpressungszwecken (Lösegeld, Freilassung von Parteigängern) zugeschrieben wird (vgl. *Vorwerck* 1971, 404), hat für seine Gefolgschaft ein „Minihandbuch des Stadtguerilla" verfaßt, dessen Thesen von der RAF in einem „Rotbuch Nr. 29" aus dem Verlag Wagenbach „Über den bewaffneten Kampf in Westeuropa" veröffentlicht wurde. Prinzipiell baut Marighella auf dem Satz Maos auf, „Beißen und fliehen" (vgl. dazu *Seiter* 1972, 365). Die Ziele der Stadtguerilla bestehen danach z. B. in der physischen Beseitigung von Führern der Polizei und der Streitkräfte, sowie in „Enteignungen", zu denen Diebstahls- und Raubtaten gezählt werden: kleine „Enteignungen" für sich selbst, große für die Revolution (vgl. dazu *Seiter* 1972, 365). Spione und Deserteure sollen mit dem Tode bestraft werden. Vorgesehen ist auch die „Hinrichtung" von „Agenten der Diktatur", worunter man „Faschisten und Polizisten" versteht. „Oft genügt ein einziger Heckenschütze, der einsam und unbekannt aber geduldig und kaltblütig im Untergrund wartet und handelt" (vgl. *Alves/Detrez/Marighella* 1971, 70); zur Propaganda wird z. B. auch das Bemalen von Haus-

wänden gerechnet (vgl. *Alves* et al. 1971, 73), alles Aktivitäten, die inzwischen in die Praxis umgesetzt wurden.

2. Als Rekrutierungsorganisation für den Aufbau der RAF hat auch ein im Sommer 1969 von Anarchisten gegründeter „Zentralrat der umherschweifenden Haschrebellen" gedient, eine Vereinigung von Studenten, Lehrlingen und Gymnasiasten, die auf dem Höhepunkt der Westberliner Haschwelle nach „Freiräumen für ungestörten Rauschgiftgenuß" suchten (*Kahl* 1978, 62). Die Führung dieser Organisation übernahmen in West-Berlin Anarchisten der Kommune I *(Kunzelmann),* einer linksradikal einzuschätzenden Wohngemeinschaft, deren Münchner Ableger, die Kommune „Wacker" *(Teufel)*, in der Einsteinstraße 151 ihr Quartier hatte (vgl. *Kahl* 1978, 62). Berliner und Münchner Haschrebellen riefen für die Zeit vom 12. bis 19. Juli 1969 zu einem „roten Knast-Camp" vor der Justizvollzugsanstalt Ebrach (Landkreis Bamberg) auf, um den damals wegen eines Demonstrationsdelikts verurteilten und in Ebrach einsitzenden 22jährigen „Kommunarden" *Reinhard Wetter* zu befreien. Nachdem die Ebracher Knastcampagne jedoch fehlschlug, weil man sich nicht über die Modalitäten der Befreiung des Inhaftierten einigen konnte (vgl. *Kahl* 1977, 277), zogen sich die Berliner und Münchner Gruppen nach München zurück, um das weitere Vorgehen zu beraten (vgl. *Hörtreiter* 1972, 57). In der Wacker-Einstein-Kommune kamen sie dann überein, einige Kommunarden nach Amman zur El Fatah zu schicken, um sie dort in der Herstellung von Brand- und Sprengstoffbomben unterrichten zu lassen (vgl. *Hörtreiter* 1972, 57). Unter Führung von Kunzelmann machte sich eine entsprechende Gruppe aus beiden Kommunen (wie die Polizei später anhand der Tagebuchaufzeichnungen Kunzelmanns feststellen konnte) in den frühen Morgenstunden des 23. Juli 1969 mit dem PKW von München über Landsberg, Bodensee und die Schweiz auf den Weg Richtung Mailand und erreichte, nachdem sie in Deutschland unterwegs noch einen Brandanschlag auf das Haus eines Oberstaatsanwalts verübt hatte, schließlich ein Camp der El Fatah in der Nähe der jordanischen Hauptstadt Amman. Nach gewünschter Ausbildung erfolgte die Rückkehr nach Deutschland Ende Oktober 1969; die neuen Fertigkeiten wurden bereits am 9. November 1969 mit einem Brandanschlag auf das jüdische Gemeindehaus in West-Berlin „erfolgreich" erprobt (vgl. *Hörtreiter* 1972, 57). Am

23. 2. 1970 folgte in München ein Anschlag auf die Wohnung eines Amtsgerichtsrats, der einen „Kommunarden" verurteilt hatte. Die gesammelten Erfahrungen wurden zwischen Berlin und München in einer umfangreichen Korrespondenz ausgetauscht, die es ermöglichte, Methode und Technik der Anschläge zu verbessern. So gab man sich auch schon bald nicht mehr mit den bisher benutzten Molotow-Cocktails zufrieden, sondern fertigte Brandsätze mit Zeitzündern an bzw. Sprengbomben in Form von Rohrbomben. Diese bestanden aus einem Stahlrohr mit beidseitig an den Öffnungen angeschweißten Haftplatten (vgl. *Hörtreiter* 1972, 59). Die erste Rohrbombe dieser Art wurde am 7. August 1970 im Amtsgericht Tempelhof in West-Berlin aufgefunden; bis zum 3. 10. 1970 erfolgten in West-Berlin weitere elf Rohrbombenanschläge. In München legten die „Guerillas" Rohrbomben unter Fahrzeuge der Polizei und ins Amtsgericht an der Maxburg (vgl. *Hörtreiter* 1972, 58).

3. Schon ab Frühjahr 1970 nannten sich die Münchener und Berliner Terroristengruppen nach dem südamerikanischen Vorbild „Tupamaros", um eindeutig Flagge zu zeigen: Tupamaros München (TM) und Tupamaros West-Berlin (TW) (vgl. *Hörtreiter* 1972, 57). Der Name ist von dem Inka Tupac Amaru abgeleitet, der sich erfolglos gegen die spanischen Eroberer aufgelehnt hatte und 1572 hingerichtet wurde (vgl. *Vorwerck* 1971, 404). Sein Name ist zum Symbol für weitere Aufstände der Peruaner gegen die verhaßte Fremdherrschaft der Spanier geworden: im Unterschied zu ihrem Vorbild allerdings gegen landeigene Regime, und zwar zunächst 1960 in Uruguay, dann auch in Kolumbien, Venezuela und Bolivien, einem Land, in dem am 8. 10. 1967 der Kubaner Revolutionär „Che Guevara" den Tod fand, dessen Bild heute die Räume zahlreicher linksradikaler Gruppen verschönt.

IV. Die Staffelberger Gruppe

Gudrun Ensslin und *Andreas Baader* waren wegen der Frankfurter Kaufhausbrandstiftungen zu drei Jahren Zuchthaus verurteilt worden, erhielten jedoch nach neun Monaten U-Haft Haftverschonung mit der Auflage, sich dreimal wöchentlich auf ihrem Polizeirevier zu melden, bis über ihre Berufung gegen das Urteil eine rechtskräftige Entscheidung vorlag (*Kahl* 1977, 277). Da es ihnen gelang, die

Frankfurter Stadtverwaltung für ein neues Erziehungsmodell zu gewinnen, stellten ihnen die Sozialbehörden eine Wohnung in der Staffelberger Straße zur Verfügung, die auch den Namen für eine neue Gruppe hergab, die sich bemühte, entlaufene Insassen staatlicher Jugendheime um sich zu scharen, mit denen *Ensslin* und *Baader* dann auch im Ebracher Knast-Camp erschienen. Am 16. Juli 1969, also einen Tag nach dem Abbruch des Ebracher Lagers, drangen die „Haschrebellen" (einschließlich der Staffelberger Rebellen) in das Bamberger Landratsamt ein, um Akten auf die Straße zu werfen. Gegen 41 Jugendliche leitete die Staatsanwaltschaft daraufhin Ermittlungsverfahren wegen Landfriedensbruch ein (vgl. *Kahl* 1978, 62).

V. Die Befreiung von Baader und neue Serien von Bombenanschlägen

1970 hat der Terrorismus mit der Befreiung *Andreas Baaders* aus der Strafanstalt Berlin-Tegel ein neues Stadium erreicht; während man bisher nur indirekt gegen Menschen vorging, wurde nunmehr Gewalt gegen Personen direkt angewendet.

1. Als das Urteil des Landgerichts Frankfurt gegen *Gudrun Ensslin* und *Baader* rechtskräftig wurde und sie zum Antritt der Strafe aufgefordert wurden, verschwanden beide im Untergrund, um sich der Verbüßung der Reststrafe zu entziehen. *Andreas Baader* konnte jedoch durch den Tip eines V-Mannes des Verfassungsschutzes am 4. April 1970 wieder gestellt werden. Während einer Ausführung, die der Rechtsanwalt *Mahler* aus der Strafanstalt Berlin-Tegel erwirkt hatte, wurde *Baader* jedoch durch die RAF mit Waffengewalt (führende Rolle: *Ulrike Meinhof*) am 14. Mai 1970 wieder befreit; bei dieser Schießerei ist ein 63 Jahre alter Universitätsangestellter schwer verletzt worden.
Wieder in Freiheit, gingen *Baader* und *Gudrun Ensslin,* unterstützt von *Ulrike Meinhof,* nunmehr daran, die Logistik (Versorgung) der Gruppe durch bewaffnete Raubüberfälle zu organisieren. Allein am 29. September 1970 fielen der Gruppe auf diese Weise 220 000 DM in die Hände, die sie zur Anmietung von Wohnungen verwandte, zum Ankauf von Waffen und Sprengstoffen, fototechnischen Aus-

stungen, Kraftfahrzeugen, Reisepässen und Medikamenten usw. (vgl. *Kahl* 1978, 65)[1].

2. In der Zeit zwischen der Befreiung von *Baader* (14. Mai 1970) und den Banküberfällen des 29. September 1970 kam es am 25. Mai 1970 zu einem weiteren Brandanschlag, und zwar auf das Gebäude des Bayrischen Landeskriminalamtes (BLKA) an der Maillingerstraße in München (vgl. *Hörtreiter* 1972, 58). Die Täter ließen am Tatort erstmalig ein Plakat mit einem Tupamaro-Stern in Form von aneinandergereihten Gewehrpatronen zurück, auf dem in Druckschrift ein Kommandoname stand: „*Theo Berger*" (Bankräuber). Am 6. Februar 1970 kündigte *Fritz Teufel* in einer Monitor-Sendung des ZDF weitere Anschläge an; vier Monate später wurde er im Telegrafenamt des Münchner Hauptbahnhofs verhaftet. Die Tupamaros München reagierten auf diese Festnahme mit einem Brandanschlag auf das Gebäude des Landgerichts München I (vgl. *Hörtreiter* 1972, 58).

Eine neue Serie von Anschlägen begann am 13. August 1970 mit einem Brandanschlag auf das Konsulat von Panama in München; weitere Anschläge galten zwei Polizeifahrzeugen und einer Bank, dem Amerika-Haus am Carolinenplatz (16. 1. 1971) sowie dem Juristischen Seminar der Universität München am Prof.-Huber-Platz (6. 2. 1971). Im Mai 1972 folgte eine weitere Serie von Bomben: 15 Sprengkörper detonierten an sieben Orten (vgl. dazu *Kahl* 1978, 68). Die Reihe dieser Attentate begann am 11. Mai mit einem Anschlag auf das Hauptquartier des 5. Corps der Amerikanischen Streitkräfte in Frankfurt a. M., bei dem eine Person getötet und 13 verletzt wurden. Am nächsten Tag explodierten zwei Bomben in der Augsburger Polizeidirektion und eine weitere auf dem Parkplatz des Bayerischen Landeskriminalamtes in München. Am 15. Mai 1972 erlitt die Frau des Ermittlungsrichters beim Bundesgerichtshof, Buddenberg, schwere Verletzungen, als sie durch das Anlassen ihres Volkswagens den Zündmechanismus einer Bombe auslöste; der Anschlag hatte ihrem Mann gegolten. Bei einer Explosion im Verlagshaus Springer wurden am 19. Mai in Hamburg 38 Menschen ver-

[1] Nach einer Berechnung des Bundeskriminalamtes haben die Terroristen bisher (bis 1978) durch Banküberfälle und erpresserischen Menschenraub „mit Sicherheit" 9,8 Millionen DM erbeutet (Meldung in der WAZ vom 29. 4. 1978).

letzt. Schließlich kamen drei Soldaten am 24. Mai bei einem Anschlag auf das Hauptquartier der US-Armee in Heidelberg ums Leben. In Briefen an Zeitungsredaktionen und Rundfunksender bekannte die RAF, diese Verbrechen auf dem Gewissen zu haben. Das „Kommando Petra Schelm“ übernahm „die Verantwortung” für den Anschlag in Frankfurt. Die Absender gaben an, die Amerikaner durch die Explosion zur Aufgabe der Blockierung des Hafens der nordvietnamesischen Hauptstadt Hanoi durch Minen veranlaßt haben zu wollen. Zu den Anschlägen in Augsburg und München bekannte sich ein „Kommando *Thomas Weissbecker*“. Es handelte sich um einen Vergeltungsakt, wie es in einem Schreiben vom 16. Mai 1972 an die Deutsche Presseagentur hieß: Die Polizei habe den 23jährigen Professorensohn *Thomas Weissbecker* am 2. März 1972 in Augsburg „ermordet“; Weissbecker kam jedoch bei einer Fahndungsaktion ums Leben, als ihn die Polizei wegen des Verdachts suchte, an Sprengstoffanschlägen beteiligt gewesen zu sein. Das „Kommando Manfred Grashof“ wollte *Buddenberg* treffen, weil er, wie es in einem Schreiben vom 20. März 1972 heißt, der „zuständige Haft- und Ermittlungsrichter“ des Bundesgerichtshofs war (vgl. *Kahl* 1978, 71). Ein weiteres Motiv für den individuellen Terror lieferte *Ulrike Meinhof* in einer Tonbanderklärung vom 31. März 1972, in der sie von „Aktionen zum Schutz des Lebens und der Gesundheit der gefangenen und der freien Genossen der RAF“ sprach (vgl. *Kahl* 1978, 72).

VI. Das Heidelberger „Sozialistische Patientenkollektiv“ (SPK)

Daß die RAF in der Terrorszene die Führung übernommen hatte und ihre führende Stellung von Gesinnungsgenossen auch anerkannt wurde, zeigt nicht zuletzt auch ein Bekenntnis des Heidelberger sogenannten „Sozialistischen Patientenkollektivs“ (SPK). In einem Schulungsbrief Nr. 47 dieser linksradikalen Gruppe, die sich um den Mediziner Dr. *Huber,* einen wissenschaftlichen Assistenten der Universität, gebildet hatte, heißt es nämlich unter anderem: „Mahler, Meinhof, Baader, das sind unsere Kader.“ Das SPK, das sich im Februar 1970 zusammengetan hatte und in kurzer Zeit von 40 auf 500 Patienten anwuchs (vgl. *Wördemann* 1977, 271), betrieb mit Schulungs- und Agitationsbriefen Propaganda für marstisch-revolutionäre Ideen und vertrat die Auffassung, daß die Ursache individueller Krankheiten in der repressiven Gesellschaftsordnung gesehen werden müßte, deren Veränderung daher gerechtfertigt sei. Dementsprechend hieß es in einem der Agitationsbriefe: „Das System hat uns krank gemacht, geben wir dem kranken System den Todesstoß" (zit. nach *Kahl* 1978, 72). Zahlreiche Mitglieder des SPK sind später in RAF-Kreisen wieder aufgetaucht, so z. B. *Knut Folkerts* (am 22. September 1977 in Utrecht verhaftet: Urteil eines holländischen Gerichts: 20 Jahre Freiheitsstrafe), *Siegfried Hauser* (bei der Sprengung der Deutschen Botschaft in Stockholm tödlich verletzt), *Hanna Krabbe* (am 24. 4. 1975 in Stockholm verhaftet und dort zu „zweimal lebenslänglich" verurteilt), *Lutz Taufer* (zusammen mit Hanna Krabbe gefaßt und zur gleichen Strafe verurteilt).

VII. Der Zellentrakt als neue Kommandozentrale

Anfang Juni 1971 wurden die führenden Kader der Terroristenszene verhaftet. Mit diesen Festnahmen änderte sich an den terroristischen Tätigkeiten im Lande allerdings nichts. Im Gegenteil, etwa ein halbes Jahr nach der Inhaftierung wurden die Aktivitäten noch heftiger und brutaler. Diese Erscheinung hatte damit zu tun, daß es den einsitzenden Terroristen mit Hilfe ihrer Anwälte gelang, „Anweisungen und Befehle, Richtlinien und taktische Einsatzanweisungen" aus den Zellen an ihre Anhänger ergehen zu lassen. Sie hatten zudem den Vorteil, nicht mehr durch die Fahndungsmaßnahmen der Polizei behelligt zu werden: Das Gefängnis erwies sich als ausgezeichnete Möglichkeit, Generalstabsarbeit zu leisten, Unterlagen über Sprengstoffherstellung, Terroraktionen, Erfahrungen anderer Organisationen und der Polizei zu sammeln und auszuwerten und das ausgewertete Wissen weiterzugeben (BdK 1976, 124). An die Basis weitergereicht wurde auch ein neues Konzept des bewaffneten Kampfes, das wahrscheinlich Ende 1973 von Baader (in der Strafanstalt) verfaßt worden ist (vgl. *Boeden* 1978, 28). Danach sollen sich die Aktivitäten der Terroristen an folgenden drei Zielen orientieren (vgl. *Boeden* 1978, 30): In der Zielebene 1 werden militante Kommandos von illegalen Genossen gebildet, die mit Kws (konspirativen Wohnungen), Stützpunkten und Garagen sowie den Mitteln des Guerilla-Kampfes versorgt werden; unterhalten werden diese Objekte von den „Legalen“, die vor allem auch die propagandistische Arbeit zu erledigen hatten. Die Zielebene 2 ist dem Aufbau eines Informationsnetzes gewidmet, um den „gegnerischen Apparat“ ausspielen zu können. Das Hauptaugenmerk jedoch (Zielebene 3) soll der Herstellung der politischen Aktionseinheit mit verschiedenen terroristischen Gruppen gelten, die mit der RAF sympathisieren. Dazu gehören außer dem Heidelberger SPK z. B. die Gruppen der „Roten Hilfe“ (sog. Knast-Gruppen), die „Kommitees gegen Folter“, die Mitglieder des „Informationszentrums Rote Volksuniversität“ Heidelberg (IZRU) sowie die 1970 gegründete Berliner „Bewegung 2. Juni“ (Datum des Todes von *Benno Ohnesorg*), auf deren Konto folgende Anschläge gehen (vgl. *Boeden* 1978, 30): Der Anschlag auf den britischen Yacht-Club vom 2. Februar 1972 in Berlin (bei dem eine Person getötet wurde), der Fememord an *Ulrich Schmücker* („Hinrichtung“) in Berlin am 5. Juni 1974 (um einen „Verräter“ mundtot zu machen und um andere Verräter zu warnen), die Ermordnung des Präsidenten des Berliner Kammergerichtes *(von Drenkmann)* am 10. November 1974 und neben mehreren Banküberfällen auch die Entführung des Berliner CDU-Politikers *Peter Lorenz* am 27. Februar 1975 (vgl. *Boeden* 1978, 30). Der Tod des *von Drenkmann* war nicht einkalkuliert worden; vielmehr war an eine Probeentführung gedacht, die man nach dem Beispiel der arabischen Terroristen durchführen wollte. Diese mißlang, als *von Drenkmann* unerwartet starke Gegenwehr leistete, bei der ihn die Terroristen erschossen. Die Entführung von *Peter Lorenz* gelang hingegen nach Plan. Der Terrorist *Michael* („Bommi“) *Baumann*, Fachmann für Bombenherstellung, der später ein (umstrittenes) Buch unter dem Titel veröffentlicht hat; „Wie alles anfing“ (2. Aufl. 1977), hat diese Entführung als „ein wirkliches Meisterstück der europäischen Stadtguerilla“ bezeichnet (S. 3), ein Beleg dafür, daß die gelungene Aktion die Terroristen offenbar euphorisch gestimmt hat. Sie hatte auch insoweit vollen Erfolg, als sich die Bundesregierung auf die Forderungen der Entführer einließ und fünf inhaftierte Terroristen freiließ, die mit bereitgestellten Maschinen in den Jemen abflogen, wo ihnen Asyl gewährt wurde. Wie gut die Kontakte zu den einsitzenden Kadern und untereinander mit Hilfe von „Rundbriefen“ und „Zellenzirkularen“ funktioniert haben, zeigt der Umstand, daß die Gefangenen einen Hungerstreik, den sie in verschiedenen Justizvollzugsanstalten schlagartig am 12. 9.1974 begannen (und an dessen Folgen der Häftling *Holger Meins* am 9. 1. 1974 starb), ebenso spontan am 5. 2. 1965 vor der Lorenz-Entführung (27. 2. 1975) wieder abbrachen, um sich für den Tag der Freilassung wieder in gute körperliche Verfassung bringen zu können. Der Hungerstreik war propagandistisch genutzt worden, um einen weltweiten Protest gegen die deutsche Justiz und Polizei zu initiieren. Am 4. 12. 1974 hat z. B. *Jean Paul Sartre* die in Stuttgart-Stammheim untergebrachten Gefangenen besucht, um sich von deren Haftbedingungen zu überzeugen. Am Lenkrad seines Wagens saß *Hans-Joachim Klein,* ein Mitglied der „Bewegung 2. Juni", im Fond der Rechtsanwalt *Croissant* (zu dessen Rolle vgl. ausführlich DER SPIEGEL Nr. 42, 10. Okt. 1977, S. 28–57), dem das Fahrzeug gehörte (vgl. BdK 1978, 126). Während die „Bewegung 2. Juni" mit der Verhaftung der Haupträdelsführer *Reinders* und *Teufel* als zerschlagen gelten durfte (vgl. *Boeden* 1978, 30), machten im März 1975 sog. „Revolutionäre Zellen" durch neue Terroraktionen von sich reden. In drei Ausgaben ihrer Zeitung „Revolutionärer Zorn" bekannten sie sich zu 27 terroristischen Anschlägen in Berlin, Hamburg, Mannheim, Nürnberg, Köln, Aachen, Düsseldorf, Karlsruhe, Mainz, Frankfurt, Ludwigshafen, Heidelberg, München usw. (vgl. *Boeden* 1978, 30). Sie gaben auch eine Erklärung zur Besetzung der Deutschen Botschaft in Stockholm ab, in der es u. a. heißt: „Klar war, daß eine Aktion ähnlich der Lorenz-Entführung nicht ausgereicht hätte; ‚wichtigere' und mehr Leute zu entführen, ist jedoch mit den gegenwärtig zur Verfügung stehenden Mitteln kaum möglich, so daß (die) offene Besetzung der Deutschen Botschaft eine richtige Aktion war." Zwei Monate nach der Lorenz-Entführung hatten nämlich Terroristen, vornehmlich solche der „Bewegung 2. Juni", die Deutsche Botschaft in Stockholm überfallen, ein Überfall, der sie allerdings in bezug auf den Ausgang überraschte. Denn sie hatten nicht damit gerechnet, daß ihre Forderungen nicht erfüllt werden könnten. Dieser Mißerfolg und weitere Verhaftungen in der Anarcho- und Terrorszene veranlaßte die leitenden Kader, nach Unterstützung ihrer Aktionen im Ausland zu suchen und bereits begonnene Kontakte im internationalen Bereich weiter auszubauen (vgl. BdK 1978, 126). Die Terroranschläge im Inland setzte man aber gleichzeitig fort. Die spektakulärsten Anschläge galten dem Generalbundesanwalt *Siegfried Buback* sowie dem Vorstandsvorsitzenden der Dresdner Bank *Jürgen Ponto*. Buback wurde am

7. 4. 1977 zusammen mit seinem Fahrer *Wolfgang Göbel* auf der Fahrt zum Gebäude der Bundesanwaltschaft erschossen; ein zu seinem Schutz eingesetzter Polizeibeamter (*Georg Wurster*) erlag in der Nacht zum 13. 4. seinen Verletzungen (zu der Tat bekannte sich ein „Kommando Ulrike Meinhof – Rote Armee-Fraktion"). *Jürgen Ponto* wurde knapp vier Monate später (am 30. 7. 1977) in seinem Haus in Oberursel bei Frankfurt getötet, und zwar von einem „Kommando", zu dem sehr wahrscheinlich *Susanne Albrecht* gehörte, die mit der Familie Ponto sehr gut bekannt war. Susanne Albrecht hatte sich kurz vor der Tat über die Sprechanlage der Eingangspforte mit den Worten gemeldet: „Hier ist Susanne."

VIII. Zur „Verbindung zwischen nationalem und internationalem Kampf"

1. Für die schon seit Ende 1972 zunehmenden Tendenzen einer Internationalisierung gibt es Hinweise. Die übergreifende „Strategie des antiimperialistischen Kampfes" hatte sich schon am 5. September 1972 während der Olympischen Spiele gezeigt, als Teile der israelischen Olympiamannschaft umgebracht wurden (vgl. *Boeden* 1978, 28), sowie bei der Besetzung der Saudi-arabischen Botschaft in Paris am 5. 9. 1973 durch fünf Terroristen (darunter auch japanische), die die Freilassung des in Jordanien einsitzenden Palästinenser-Führers *Abu-Daud* verlangten (vgl. BdK 1976, 126). Von einer internationalen Gruppe wurden auch die Sprengstoffanschläge auf die französischen Zeitungen „L'Aurore" und „L'Arche" am 3. und 4. August 1974 verübt. Endgültige Gewißheit über eine gelenkte internationale Zusammenarbeit brachte am 22. Juni 1975 aber erst die Verhaftung von *Michel Waheb Mourkabal,* einem engen Mitarbeiter (wahrscheinlich Logistiker) eines Südamerikaners mit Decknamen „Carlos", der die Fäden des internationalen Terrorismus von Paris aus in der Hand haben soll (BdK 1976, 127 ff.). *Carlos,* der eigentlich *Iljitsch Ramirez Sanchez* heißt, wurde am 12. Oktober 1949 in Caracas/Venezuela geboren, und zwar als Sohn eines Rechtsanwaltes, der seinen Söhnen aus Begeisterung für Lenin dessen Vornamen gab (vgl. BdK 1976, 129). Er studierte an der Moskauer Lumumba-Universität, wurde jedoch 1969 wegen antisowjetischen Verhaltens aus der UdSSR ausgewiesen; ob diese Ausweisung lediglich aus Tarnungsgründen erfolgte, ist bisher nicht geklärt

worden. Diesem Mann scheint es inzwischen gelungen zu sein, mit Hilfe eines internationalen Kontaktnetzes zumindest in Deutschland, Frankreich, England, Arabien und Südamerika die Terroraktionen zu koordinieren und auch mit den japanischen Terroristen zusammenzuarbeiten. Seither kann der Terror, so BKA-Chef *Horst Herold*, „zu einer zwar losen, aber funktionierenden Einheit verknüpft, nach Belieben in die verschiedenen Staaten dirigiert und auch in die Bundesrepublik zurückgerollt werden" (zit. nach DER SPIEGEL, Nr. 43, 1977, S. 24). So hat Carlos persönlich am 21. 12. 1975 die Leitung eines Überfalls auf die arabischen Ölminister der OPEC-Konferenz in Wien übernommen. An diesem Anschlag haben sich auch die Deutschen *Hans-Joachim Klein* (Mitglied der „Tupamaros" München), der *Carlos* den Weg freigeschossen haben soll (vgl. DER SPIEGEL, Nr. 43, 1977, S. 22), und wahrscheinlich auch *Gabriele Kröcher-Tiedemann*, die am 20. 12. 1977 an der schweizerisch-französischen Grenze verhaftet wurde, beteiligt (vgl. *Boeden* 1978, 32).

Der verhaftete *Mourkabal* erbot sich, die Beamten der „Direction de la Surveillance du Territoire" (DST) zum Pariser Versteck von Carlos zu führen (BdK 1976, 127). In dem angegebenen Schlupfwinkel der Rue Toillier 9 fand die Polizei zehn Gitarre spielende Personen vor, unter denen sich tatsächlich Carlos befand. Als dieser den *Mourkabal* sah, schoß er ihn nieder, tötete zwei DST-Beamte und konnte unbehelligt entkommen, weil die Beamten aus ungeklärten Gründen waffenlos waren. Bei der Durchsuchung der Räume wurde die Adresse einer Kolumbianerin namens *Silva Masmela* aufgefunden, einer, wie sie selbst angab, Geliebten von *Carlos* (vgl. BdK 1976, 127). Diese verwahrte in einem Koffer alle Spesen- und Hotelabrechnungen usw. von *Carlos* auf, sowie falsche Pässe, Auto- und Reisebürounterlagen, aus deren Datum sich ergab, daß *Carlos* an Terroraktionen in Paris, Amsterdam, Den Haag, London, Frankfurt und Zürich beteiligt gewesen sein muß (vgl. BdK 1976, 127). In der Wohnung der *Silva Masmela* wurden auch Waffen, Granaten und Sprengstoff entdeckt, die aus dem Munitionsdepot Miesau bei Kaiserslautern im August 1974 gestohlen worden waren; ferner wurden deutsche Personalausweisformulare gefunden, die aus einem Einbruch in das Rathaus in Lang-Göns stammten (21. 11. 1970), der *Ulrike Meinhof* und *Karl-Heinz Ruhland* zur Last gelegt wurde (vgl. BdK 1976, 127).

2. Den Höhepunkt der Beteiligung deutscher Terroristen an den Aktionen ausländischer terroristischer Gruppen dürfte bisher jedoch im Juni 1976 die Mitwirkung von *Wilfried Böse* (Deckname: „Mahmud") und einer Deutschen mit Decknamen „Helima" an der Entführung eines Air-Busses der Air-France von Athen nach dem ugandischen Flughafen Entebbe bilden. Beide, angeworben von *Carlos,* kamen bei der Befreiung der Passagiere (103 jüdische Geiseln) durch die israelischen Streitkräfte in der Nacht zum 4. Juli 1976 ums Leben. Daß derartige Luft-Piraterie inzwischen nicht mehr den Erfolg garantiert, hat auch die Entführung des Lufthansa-Flugzeuges „Landshut" (13. Oktober 1977) gezeigt; auf dem Linienflug LH 737 von Palma de Mallorca nach Frankfurt hatten Terroristen die Maschine, in der sich 86 Passagiere und 5 Besatzungsmitglieder befanden, gekapert und waren schließlich nach Zwischenstationen in Rom, Bahrain, Dubai am Persischen Golf und Aden (dort wurde Flugkapitän *Jürgen Schumann* ermordet) in Mogadischu/Somalia gelandet. Die Entführer wollten ihre Geiseln gegen elf deutsche und zwei türkische Terroristen, die in Deutschland bzw. in der Türkei einsitzen, austauschen. Das Unternehmen hatte jedoch wiederum keinen Erfolg. Denn ähnlich der israelischen Aktion in Entebbe gelang es nunmehr der deutschen Anti-Terrorbrigade GSG 9 des Bundesgrenzschutzes (unter Führung von Polizeidirektor *Ulrich Wegener*) wenige Minuten nach Mitternacht am 18. Oktober 1977 sämtliche 86 Geiseln aus der Hand der Terroristen (drei von ihnen verloren das Leben) zu befreien (vgl. Dokumentation der Bundesregierung 1977, 114). In den Morgenstunden desselben Tages wurde dann bekannt, daß die Häftlinge *Baader, Ensslin* und *Raspe* in der JVA Stammheim Selbstmord verübt hatten; der Selbsttötungsversuch von *Irmgard Möller* mißlang. Die Beschuldigungen, die Gefangenen seien ermordet worden, die von verschiedenen Seiten erhoben wurden, erwiesen sich später als haltlos. Die Entschlossenheit der Bundesregierung und des Krisenstabes hatten den Terroristen offenbar klarmachen können, daß die Zeit der erfolgreichen Erpressung vorbei war und damit zugleich alle Hoffnung auf Freiheit. Denn nicht nur der erfolglose Anschlag auf die Deutsche Botschaft in Stockholm, die mißlungene Mogadischu-Aktion, sondern auch die Entführung des Präsidenten der deutschen Arbeitgeberverbände, Dr. *Hanns Martin Schleyer,* die während der Landshut-Entführung stattfand, hatte gezeigt, daß sich die deutsche Bundesregierung nicht

mehr einschüchtern ließ. Dr. *Schleyer* befand sich am 5. September 1977 mit seinem PKW Mercedes auf der Fahrt von der Bundesvereinigung der Deutschen Arbeitgeberverbände in Köln zu seiner Wohnung, als sein Wagen in der Vincenz-Statz-Straße durch ein anderes, quer zur Fahrbahn gestelltes Fahrzeug gestoppt wurde. Ein Begleitfahrzeug, in dem sich drei Polizeibeamte befanden, die *Schleyer* vor Anschlägen schützen sollten, fuhr auf den *Schleyer*-Mercedes auf. In diesem Augenblick rannten fünf fremde Personen auf die Fahrzeuge zu und töteten mit gezielten Schüssen den Fahrer *Schleyers* und die drei Polizeibeamten; *Schleyer* selbst wurde entführt (vgl. Dokumentation der Bundesregierung 1977, 7 ff.). Der Vorsitzende der CDU/CSU-Bundestagsfraktion, Dr. *Helmut Kohl,* gab am Abend desselben Tages im Zweiten Deutschen Fernsehen eine Erklärung ab, in der es u. a. wie folgt hieß: „Das, was heute geschah, zeigt einmal mehr, daß eine blindwütige Bande von Mördern in unserem Lande unterwegs ist, um unserem Volke und der Zivilisation und dem, was wir freiheitliche Demokratie nennen ... den Krieg zu erklären. Ich meine in der Stunde: Wir alle müssen jetzt begreifen, daß es fünf Minuten vor Zwölf ist, daß wir alle Machtmittel unseres demokratischen Staates anwenden müssen, um diese unerträgliche Gefahr für unsere innere Sicherheit endlich zu beenden" (zit. nach Dokumentation der Bundesregierung 1977, 13). Wenige Minuten später hieß es in einer Fernseherklärung des Bundeskanzlers *Helmut Schmidt,* die über ARD und ZDF ausgestrahlt wurde: „Die Nachricht vom Mordanschlag auf *Hanns Martin Schleyer* und die ihn begleitenden Beamten und Mitarbeiter hat mich tief betroffen, nicht anders als die Nachricht ... vom Mord an *Jürgen Ponto,* nicht anders als die Morde an *Buback, Wurster* und *Göbel* ... Die blutige Provokation in Köln richtet sich gegen uns alle, wir alle sind aufgefordert, den staatlichen Organen beizustehen, wo immer das dem einzelnen möglich ist" (zit. nach Dokumentation der Bundesregierung a. a. O.). Einen Tag später, am 6. September, meldeten sich die Mörder; das „Kommando Siegfried Hausner – RAF", gab die „Gefangennahme" von Schleyer bekannt, verlangte die sofortige Einstellung aller Fahndungsmaßnahmen („oder Schleyer wird sofort erschossen") und forderte die Freilassung folgender Terroristen, die in deutschen Strafanstalten einsitzen (und zwar in einer Reihenfolge, die sich wie eine Rangfolge liest): *Andreas Baader, Gudrun Ensslin, Jan Carl Raspe, Verena Becker, Werner Hoppe, Karl-Heinz Dell-*

wo, Hanna Krabbe, Bernd Roesner, Ingrid Schubert und *Irmgard Möller;* gegen diese Terroristen sollte *Schleyer* ausgetauscht werden. In einem Begleitschreiben *Schleyers,* einem ersten Lebenszeichen, hieß es: „Mir geht es soweit gut, ich bin unverletzt und glaube, daß ich freigelassen werde, wenn die Forderungen erfüllt werden." Aber, schreibt dieser unvergleichlich mutige Mann: „Das ist jedoch nicht meine Entscheidung."

Nachdem sich die Bundesregierung auf die Bedingungen der *Schleyer*-Entführer nicht einlassen wollte, wurde *Schleyer* ermordet: Man fand ihn am 19. Oktober 1977 in Mühlhausen/Frankreich im Kofferraum eines Personenkraftwagens tot auf. Zuvor hatte eine junge Frau das Stuttgarter Büro der Deutschen Presseagentur angerufen und mit den Worten „Hier RAF" folgende Erklärung übermittelt: „Wir haben nach 43 Tagen *Hanns Martin Schleyers* klägliche und korrupte Existenz beendet. Herr *Schmidt,* der in seinem Machtkalkül von Anfang an mit *Schleyers* Tod spekulierte, kann ihn in der Rue Charles Péguy in Mühlhausen in einem grünen Audi 100 mit Bad Homburger Kennzeichen abholen. Für unseren Schmerz und unsere Wut über die Massaker von Mogadischu und Stammheim ist sein Tod bedeutunglos. Andreas, Gudrun, Jan, Irmgard und uns überrascht die faschistische Dramaturgie der Imperialisten zur Vernichtung der Befreiungsbewegungen nicht. Wir werden *Schmidt* und den ihn unterstützenden Imperialisten nie das vergossene Blut vergessen. Der Kampf hat erst begonnen. Freiheit durch bewaffneten antiimperialistischen Kampf" (vgl. Dokumentation der Bundesregierung 1977, 120).

3. Die deutsche Bundesregierung und die mit ihr insoweit eng zusammenarbeitende Opposition der CDU/CSU reagierten mit Gesetzesvorlagen, die helfen sollen, den Kampf gegen den Terrorismus zu erleichtern. Schon durch ein „Gesetz zur Ergänzung des ersten Gesetzes zur Reform des Strafverfahrensrechts" vom 20. Dezember 1974 (BGBl. 1974 I, 3686) wurde der Verteidigerausschluß für die Fälle neu geregelt, in denen der Verteidiger in „dringendem Tatverdacht" steht, an Straftaten seines Mandanten selbst beteiligt zu sein oder die Begehung neuer Delikte zu fördern. Durch das vierzehnte Strafrechtsänderungsgesetz vom 22. April 1976 (BGBl. 1976 I, 1056) wurde dann u. a. die verfassungsfeindliche Befürwortung von Straftaten unter Strafe gestellt (§ 88 a StGB) sowie ein § 130 a ins

StGB eingefügt, nach dem die „Anleitung zu Straftaten" durch Schriften bestraft wird. Es folgte das sog. Anti-Terrorismusgesetz vom 18. August 1976 (BGBl. 1976 I, 2181), das in einem neuen § 129 a StGB die „Bildung terroristischer Vereinigungen" mit Strafe bedroht. Das sog. Kontaktsperregesetz vom 30. September 1977 (BGBl. 1977 I, 1877) sieht die Unterbindung von Kontakten untereinander und zur Außenwelt im Falle solcher Personen vor, die wegen einer Straftat nach § 129 a StGB verurteilt oder verhaftet worden sind. Das bisher letzte Gesetz in der Reihe der Anti-Terrorgesetze bildet ein „Gesetz zur Änderung der Strafprozeßordnung" vom 14. April 1978 (BGBl. 1978 I, 497), das die „Verdachtsschwelle" für den Verteidigerausschluß weiter herabsetzt: Es reicht nun auch aus, daß der Verteidiger „in einem die Eröffnung des Hauptverfahrens rechtfertigenden Grade verdächtig ist", Komplize seines Mandanten zu sein (§ 138 a StPO); diese Vorschrift bezieht sich jedoch nur auf Delikte, die nach § 129 a StGB (Bildung terroristischer Vereinigungen) mit Strafe bedroht sind (nicht wie ursprünglich in der Regierungsvorlage vorgesehen auch auf § 129 StGB: Bildung krimineller Vereinigungen). Das Gesetz vom 14. April 1978 schreibt ferner „für das Gespräch zwischen dem Beschuldigten und dem Verteidiger Vorrichtungen vor, die die Übergabe von Schriftstücken und anderen Gegenständen ausschließen" (§ 148 Abs. 2 StPO n. F.); dabei ist an die Einrichtung von Trennscheiben gedacht. Ferner wird durch dieses letzte Gesetz die Durchsuchungsmöglichkeit für Fahndungen nach terroristischen Gewaltverbrechern von einer bestimmten Wohnung auf ein ganzes Gebäude ausgedehnt (§ 103 Abs. 1 StPO n. F.). Schließlich dürfen nach einem neu eingefügten § 111 StPO „auf öffentlichen Straßen und Plätzen und anderen öffentlich zugänglichen Orten Kontrollstellen eingerichtet werden, wenn Tatsachen die Annahme rechtfertigen, daß diese Maßnahme zur Ergreifung des Täters oder zur Sicherstellung von Beweismitteln führen kann, die der Aufklärung der Straftat dienen können. An einer Kontrollstelle ist jedermann verpflichtet, seine Identität feststellen und sich sowie mitgeführte Sachen durchsuchen zu lassen" (vgl. zu den gesetzgeberischen Maßnahmen ausführlich: *Vogel* 1978, 1217–1226).

Die CDU/CSU hatte darüber hinaus u. a. die Sicherungsverwahrung für Terroristen bereits nach der ersten Verurteilung gefordert[2], kam jedoch mit diesem Vorschlag nicht durch.

4. Die gemeinsamen Anstrengungen von Bund und Ländern führten seit 1. Oktober 1970 zur Festnahme von insgesamt 341 Personen, die verdächtig sind, terroristische Gewalttaten verübt zu haben oder einer terroristischen Vereinigung anzugehören. Davon befinden sich 94 Personen in Untersuchungs- oder Strafhaft (Stand Mai 1978). Seit der Entführung von *Hanns Martin Schleyer* wurden 31 Personen festgenommen, von denen sich 16 in Haft befinden (vgl. Bundesministerium des Inneren 1978, 2). Rechtskräftig verurteilt wurden bis heute (wiederum Stand Mai 1978) 161 terroristische Gewalttäter und Unterstützer, weitere 54 Personen wurden in erster Instanz verurteilt. Gegen ungefähr 550 Personen werden Ermittlungsverfahren wegen der Zugehörigkeit zu einer terroristischen Vereinigung geführt.

In einer Bilanz der „Maßnahmen zum Ausbau der Sicherheitsbehörden des Bundes für die Bekämpfung des Terrorismus", die der Bundesminister des Inneren am 12. Mai 1978 vorgelegt hat (vgl. Bundesministerium des Inneren 1978, 2 ff.) wurden z. B. hervorgehoben:
– Die Einrichtung einer besonderen Abteilung ED „Personenerkennung" zur Verbesserung erkennungsdienstlicher Maßnahmen, insbesondere bei terroristischen Gewalttaten;
– die Einrichtung zusätzlicher motorisierter Fahndungsgruppen zur Durchführung schwerpunktmäßiger Grenzkontrollen;
– Vermehrung der Planstellen in der Abteilung Terrorismus (des Bundeskriminalamtes) von 179 im Jahre 1976 auf 193 im Jahre 1977 und 373 im Jahre 1978;
– die Verteilung von drei Millionen Flugblättern und von drei verschiedenen Fahndungsplakaten in einer Auflage von 6,5 Millionen Exemplaren;
– die Einblendung von Fahndungsfilmen zu neun gesuchten terroristischen Gewalttätern (und zwar zu besonders günstiger Sendezeit in ARD und ZDF) sowie

[2] *Brigitte Mohnhaupt*, die zu den führenden Terroristen gezählt wird, verschwand z. B. drei Tage nach ihrer Freilassung aus der JVA Stammheim am 10. Februar 1977 (nach Verbüßung ihrer ersten Freiheitsstrafe) wieder im Untergrund. Sie mußte im Frühjahr 1978 in Zagreb (Jugoslawien) wegen des Verdachts erneuter Beteiligung an terroristischen Gewalthandlungen wiederum festgenommen werden.

– die Erweiterung der originären Ermittlungszuständigkeiten des Bundeskriminalamtes auf international organisierte terroristische Vereinigungen.

Für die grenzüberschreitende Zusammenarbeit wurden bilaterale Absprachen getroffen; zur Unterstützung in konkreten Ermittlungsfällen können heute Experten zur Teilnahme an Amtshandlungen – aber ohne Exekutivbefugnisse – entsandt oder angefordert werden. Die Erfolge dieser Experten (der „Zielfahndung") schlugen sich inzwischen in zahlreichen Verhaftungen mutmaßlicher Terroristen vor allem im Ausland nieder (vgl. die Chronik des Terrorismus auf S. 13 ff.). Die Grundlage für die internationale Zusammenarbeit der Staaten der Europäischen Gemeinschaft in Fragen der Terrorismusbekämpfung wurden bereits auf der Ministerkonferenz am 29. Juni 1976 in Luxemburg vereinbart (vgl. Bundesministerium des Inneren 1978, 5).

5. Daß sich auch andere demokratische Staaten Westeuropas inzwischen dem Terrorismus gegenüber zur Wehr setzen und sich nicht mehr erpressen lassen, hat in Italien die Entführung des Vorsitzenden der Democrazia Cristiana und früheren Ministerpräsidenten *Aldo Moro* gezeigt. *Moro* war am 16. März von 12 Mitgliedern der „Roten Brigade" (Brigate Rosse) entführt worden (die ihn begleitenden fünf Sicherheitsbeamten wurden getötet); die Terroristen forderten im Austausch gegen den Entführten die Freilassung einer Reihe von Gesinnungsgenossen. Die italienische Regierung blieb jedoch – unterstützt von der KPI – hart. *Moro* mußte daraufhin das Schicksal von *Schleyer* erleiden. Am 9. 5. 1978 wurde die Leiche des 61jährigen Politikers nach 55 Tagen Gefangenschaft im Gepäckraum eines roten Renault R 4 aufgefunden, der im Zentrum Roms in der Via Caetani in der Nähe der Parteizentralen der Democrazia Cristiana und der KPI abgestellt war.

Bisher veröffentlichte Meinungen zu den „Ursachen" des Terrorismus (Überblick)

von Hans-Dieter Schwind

Sieht man die bisher über den Terrorismus veröffentlichte Literatur daraufhin durch, was konkret über die Ursachen dieses Phänomens vorgebracht wird, ist die Ausbeute, gemessen an der Vielzahl der Bücher und Aufsätze, relativ dürftig. Nur wenige Autoren scheinen sich zu der ätiologischen Frage äußern zu wollen; die Kriminologie wird meist von der Kriminalistik verdrängt. Zur Einführung in die Ursachenproblematik sollen daher zunächst einige besonders interessante Gedanken (aber ohne Anspruch auf Vollständigkeit) aus dem insoweit bisher bekanntgewordenen Schrifttum referiert werden, um auf diese Weise auf die weiteren Beiträge dieses Bandes überleiten zu können. Daß die Diskussion der ätiologischen Frage im Rahmen der Kriminalitätsbekämpfung gesehen werden muß, liegt auf der Hand. Denn die repressive Bekämpfung des Terrorismus durch die Strafverfolgungsbehörden kann allein nicht genügen. Hinzukommen müssen Maßnahmen der Verbrechensvorbeugung, wenn man die Erscheinung langfristig in den Griff bekommen will. Verbrechensvorbeugung setzt freilich voraus, daß man möglichst viel über die Ursachen des Abgleitens in die terroristische Szene feststellen kann. Hier nun beginnen die Schwierigkeiten, die darin liegen, daß sich die inhaftierten Terroristen gegen jede Exploration bisher wehren, und letztlich auch darin, daß wir ohnehin nur geringe gesicherte Kenntnis über die Ursachen von Straftaten besitzen (vgl. *Schwind* 1974, 12 und 1977, 21).

Denn wir wissen nicht einmal, weshalb Menschen keine Straftaten begehen, geschweige denn, weshalb sie welche verüben. Dieser Lage entsprechend konnte bisher auch nicht geklärt werden, weshalb sich Menschen zu Terroristen entwickeln. Die Meinungen gehen in dieser Frage weit auseinander. Gleichwohl lassen sich entsprechend ser Frage weit auseinander. Gleichwohl lassen sich entsprechend dem alten Anlage-/Umwelt-Streit zwei Hauptrichtungen trennen: Ein Teil der Autoren (primär Soziologen und Politikwissenschaftler) will eher die gesellschaftlichen Verhältnisse unseres Staates verantwortlich machen; andere (vor allem Psychiater und Psychologen) sehen die Ursachen eher in den Entwicklungsprozessen des einzelnen Menschen (zu den Untersuchungen im englischsprachigen Raum vgl. ausführlich Laqueur, 1977, 170 ff.). Ausschließlichkeitsansprüche für eine besondere These werden von den ernstzunehmenden Autoren jedoch nicht erhoben; mit monokausalen Erklärungsversuchen dürfte man auch kaum weiterkommen. Denn so einfach läßt sich Kriminalität nicht erklären.

I. Gesellschaftspolitisch vermutete Ursachen des Terrorismus

1. Zu den mehr gesellschaftspolitisch orientierten Autoren dürfte *Iring Fetscher* (1977 und 1978) gehören, der im Anschluß an *Connor Cruise O'Brian* zwischen zwei Typen der zeitgenössischen Terroristen differenziert: nämlich zwischen den a) „millenaristischen" Terroristen, „die eine universale und vollständige Befreiung von allen Beschränkungen des gesellschaftlichen und politischen Lebens, von jeder Art der Unterdrückung, Ausbeutung und Entfremdung erstreben", und b) den „rezessionistisch-irredentistisch" ausgerichteten Terroristen mit mehr konservativen Tendenzen. Zu den letzteren werden die Befreiungs- und Unabhängigkeitsbewegungen gezählt (Naher Osten, Nordirland, Baskenland), zu den ersteren z. B. die „Symbionese Liberation Army" sowie die RAF in der Bundesrepublik Deutschland samt ihren Nachfolgeorganisationen (vgl. Fetscher, 1978, 8). *Fetscher* vertritt nun die Meinung, daß die RAF aus „Enttäuschung über das Ausbleiben durchschlagender politischer Erfolge der (Studenten-)Bewegung" der sechziger Jahre entstanden sein könnte. Die „Leichtigkeit, mit der offenbar eine Institution wie die Universität zunächst tiefgreifend verändert werden konnte" (hätten) offenbar in Kreisen der jugendlichen Intellektuellen übersteigerte Hoffnungen auf eine baldige „revolutionäre Veränderung der ganzen Gesellschaft" geweckt. Der „gemäßigte Reformkurs" der sozial-liberalen Koalition habe die „revolutionäre Ungeduld bei einigen Gruppen so stark wachsen lassen, daß sie schließlich im Terrorismus allein einen Ausweg erblickten" (Fetscher, a. a. O.). Die

Wortführer dieser Gruppe hätten aus der Ablehnung jeder revolutionären Veränderung durch die Bevölkerungsmehrheit gefolgert, „dieses Verkennen der Lage könne nur an der manipulierten und eingeschüchterten Bewußtseinsverfassung der Menschen liegen" (Fetscher, a. a. O.). Deshalb habe sich „ihr Kampf zunächst gegen den mächtigsten Pressekonzern gerichtet (Springer), der um so leichter als Angriffsziel akzeptiert werden konnte, als er in zahlreichen Artikeln gegen die ‚Neue Linke' und die ‚Studentenrebellen' polemische, manchmal auch verleumderische Behauptungen aufgestellt" habe (Fetscher, a. a. O.). Schließlich würden die Terroristen in der Bundesrepublik deshalb Bomben legen und Maschinenpistolen benutzen, „weil sie glauben, sich auf diese Weise der Bevölkerung verständlich machen zu können". Aus diesem Grunde werden im Rotbuch 29 des „Kollektivs RAF" über den bewaffneten Kampf in Westeuropa die Bildung von „Stadtguerilla" damit begründet, „daß die Bevölkerung durch den staatlichen Herrschaftsapparat eingeschüchtert sei und daher der bewaffneten Ermutigung bedürfe" (Fetscher, a. a. O.). Schließlich entdeckt Fetscher eine wesentliche gesellschaftspolitische Ursache des Terrorismus in der Bundesrepublik Deutschland „im Zusammenstoß leidenschaftlichen revolutionären Veränderungswillens bei einer intellektuellen Minderheit und der antirevolutionären Grundstimmung der Bevölkerungsmehrheit" (Fetscher, a. a. O.). Diesem leidenschaftlichen Veränderungswillen stehe in unserem Staate kein realistisches Betätigungsfeld offen, denn insoweit gebe es ein „moralisches Vakuum ..., das durch die Säkularisierung den Rückgang genuin religiöser Bindungen und durch den Wegfall der nationalistischen Ersatzreligion entstanden" sei (Fetscher, a. a. O.).

2. In Übereinstimmung mit Fetscher und fast allen anderen Autoren ist auch *Eckert* (1977, 10 f.) der Meinung, daß der Terrorismus seine Wurzeln in der Protestbewegung der späten sechziger Jahre besitzt. Der Weg in die Gewalt habe etwas mit zwei historischen Entwicklungen zu tun: einmal mit dem neuen, protestbereiten Idealismus einer Wohlstandsgeneration, zum anderen mit dem „Deutungs- und Sinnproblem, das durch die Schrecken des Vietnam-Krieges entstanden ist" (Eckert, a. a. O.). Die „Generation, die den Krieg und die Nachkriegszeit erlebt hatte", schreibt er, „war vor allem um Sicherheit bemüht. In den fünfziger Jahren waren dann viele

von der raschen Erweiterung von Handlungsmöglichkeiten in Beruf und Freizeit fasziniert. Psychische Kräfte waren von Angst und Not und dann von Karriere und Konsum absorbiert. Anders die Generation, die in den sechziger Jahren in die Universitäten einrückte. Sicherheit und Wohlstand waren für sie zunächst selbstverständlich. Damit waren psychische Energien für einen neuen Idealismus freigesetzt", der sich durch die Routinisierung von Sicherheit und Wohlstand in der Nachkriegszeit eingeengt fühlte. Die These von *Eckert* heißt dementsprechend (vgl. *Eckert* a. a. O.): „Routinisierung von Sicherheit und Wohlstand kann bei moralisch sensiblen Menschen zu einer Radikalisierung der Ideale führen. Die Richtung, die diese Radikalisierung nimmt, ist damit (aber) noch nicht vorgezeigt. Sie war verschieden: Die gewaltfreie Lebensform der Hippies entsprang der gleichen Generation wie die Bürgerinitiativen und schließlich auch die Organisation der Stadtguerillas." *Eckert* (a. a. O.) vermutet, daß „der entscheidende Anstoß, der die neoidealistische Generation von der Kennedy-Begeisterung zum ‚antiimperialistischen Kampf' führte, ... der Krieg in Vietnam war. Der Zweifel, ob die Gewalt, die hier von der Diktatur ... und den Amerikanern ausgeübt wurde, noch als Verteidigung der Freiheit moralisch gedeckt (sei, habe) zunächst zu Reaktionen der ohnmächtigen Wut, der Verweigerung ... (und) dann zum Widerstande geführt. Je länger der Krieg fortdauerte, je gewalttätiger er wurde, je stärker die Korruption der vietnamesischen Oberschicht in Erscheinung trat, um so plausibler (sei) vielen die marxistische Imperialismustheorie" geworden (Inhalt: An die Stelle kolonialistischer Abhängigkeit sei heute die wirtschaftliche Abhängigkeit vieler Staaten getreten). Schließlich führt *Eckert* (a. a. O.) die Entwicklung der Neuen Linken, zu der nicht nur die Terroristen, sondern auch die sozialistischen Reformer, die DKP sowie die maoistischen K-Gruppen gezählt werden, letztlich auch auf den Eingriff von *Herbert Marcuse* zurück, insbesondere auf die Thesen über „repressive Toleranz" und „Ethik und Evolution" als Deutung der Wirklichkeit parlamentarischer Demokratie (vgl. Eckert a. a. O.).

3. Nach *Lübbe* (1978, 97) wird nur der Terrorist, „wer in seinem Willen zu einer ganz anderen Republik ... ohne jeden Selbstzweifel gewiß ist, wer also in genau diesem Sinne ein gutes Gewissen hat, und wer überdies seinen politischen Aktionismus unmittelbar aus

der Quelle vollständiger moralischer Verachtung des politischen Systems, das er bekämpft, hervorgehen läßt“. Diese Verachtung, „als ein moralisches Phänomen“ erkläre sich „unter anderm aber nicht zuletzt, als Folge einer schwerwiegenden öffentlichen Legitimationskonzession an die linken Gebildeten unter den Verächtern unserer Demokratie ...“. Verachtet werde, wer sich verächtlicht mache, und Verächtlichmachung der Repräsentanten unserer liberalen politischen Ordnung sei ein wesentliches Moment der Strategie, mit der man „eine Erschütterung ihrer moralischen Substanz zustande bringt, die auf lange Sicht keine Institution aushält“ (Lübbe 1978, 99). Die Verantwortung für jene Legitimationskrise liege in erster Linie auch nicht etwa bei den Publizisten und nicht bei den Intellektuellen, sondern bei den Politikern selbst, die „von Parlamentstribünen herab die plötzlich auftretenden Formen neototalitärer politischer Aggressivität als Ausdruck kritischen Engagements privilegiert“ hätten. Was „in Wirklichkeit common sense-transzendente politische Halblehren waren, (sei) als sog. kritische Wissenschaft anerkannt“ worden; man hätte „den Subjekten des rüden neu-akademischen Tons kritische Sensibilität bescheinigt, als käme es auf diese Sensibilität an und nicht auf die politische Aggressivität, in die sie, ideologisch formuliert, psychologisch dann umschlug“ (Lübbe 1978, 100). Zahlreiche Politiker seien „den begründeten Widerspruch und dann den Widerstand schuldig geblieben, auf den die jugendlichen Polit-Provokateurs geradezu einen Anspruch gehabt hätten“ (Lübbe 1978, 101). „Jeder Briefträger weiß schließlich, daß man vor Angstbeißern nicht davonlaufen darf; sonst beißen sie wirklich“ (Lübbe 1978, 102). So sei es ein Fehler gewesen, „daß ein Minister Brandstifter, anstatt Anzeige zu erstatten, zur Diskussion in die Chefetage lud.“ Es sei ein Fehler gewesen, „daß eine Landtagsfraktion, die durch eine Parlamentsbesetzung politisch erpreßt werden sollte, die Besatzer ins Parlamentsgästehaus bat, anstatt von der Polizei einen wirksameren Schutz der Bannmeile zu verlangen“. Es sei ein Fehler gewesen, „daß ein Universitätsrektor, der nach der Polizei rufen mußte, um ein in sogenanntes „revolutionäres Gewahrsam“ genommenes Senatskollegium zu befreien, sich, statt über die Freiheitsräuber, über den Polizeipräsidenten empörte, weil dieser mit einer nach Meinung des Rektors provozierenden Übermacht von Polizisten auf dem Campus erschien“ (Lübbe 1978, 105). In totalitären Regimen sei „Kritik eine Sache des Mutes, und die Zustimmung (sei) wohlfeil; in freiheitlichen Systemen (sei) das, gemessen am Maß der Publizitätsprämienverteilung, eher umgekehrt" (Lübbe 1978, 107.

4. *Schmidtchen* hat bereits an den Anfang seiner Ausführungen die naheliegende Frage gestellt (1978, 40): „Warum bricht der Terror gerade in der Bundesrepublik Deutschland aus? Einer Gesellschaft, die mehr Freiheiten kennt als je zuvor in der deutschen Geschichte. Einer Gesellschaft des Reichtums und der breiten Ressourcenstreuung. Einer Gesellschaft, die durch ein politisches System gelenkt wird, das die Zustimmung der großen Mehrheit findet." Schmidtchen führt die Entwicklung zum Terroristen auf folgende Linie zurück: Nach ihrer Herkunft stammen die Terroristen „in der Regel aus dem bildungsbeflissenen aufsteigenden Bürgertum. Eine große Zahl von ihnen hat die Hochschule besucht ... Kinder aus den aufsteigenden Mittelschichten erfahren bei prolongistischer Ausbildung ein Rechtfertigungsbedürfnis von geradezu traumatischer Stärke. Die eigene Statuserhöhung kann nur ertragen werden durch Identifikation mit den Schwachen. Diese Situation wird zugleich überlagert durch ein Orientierungsproblem. Zahlreiche Studierende haben weder die materielle noch die moralische Unterstützung der Eltern. Gleichzeitig aber ist ihnen die berufliche Zukunft nach dem Studium verborgen" (Schmidtchen 1978, 46) ... „Negative Erlebnisse mit der sozialen Frage und der eigenen Situation sind erklärungsbedürftig ... Der erste Schritt, die gesellschaftliche Situation und die eigenen Gefühle zu verstehen, ist die Identifikation mit dem Jahrhundertthema der sozialistischen Idee ... Die Identifikation mit dem sozialistischen Ideal bedeutet (jedoch) nicht Anerkennung des Führungsanspruchs irgendeiner kommunistischen Partei. Ganz im Gegenteil, die sozialistische Wahrheit wird jenseits der etablierten Mächte überhaupt gesucht. Durchgesetzt werden soll die wahre Revolution, die Wahrheit, dort wo es noch am ehesten möglich ist: in den liberalen Demokratien ..." (Schmidtchen, 1978, 47). „Der Fehlschlag, für revolutionäre Aktivität eine Massenbasis in der Arbeiterschaft zu gewinnen, verengt die Organisationsbasis auf kleine und kleinste Gruppen ...", die eigenen Gesetzmäßigkeiten unterliegen. „Die Gruppe schließt sich ab nach außen ... Die Umwelt wird mehr und mehr in totaler Negativität wahrgenommen. Die Abkehr von der Gesellschaft, das Aussteigen aus ihren Rollen, führt

zur Polarisierung der Wahrnehmung ... Die Mitglieder müssen das Gefühl haben, in einer total falsch konstruierten Welt zu leben. So begibt sich die Gruppe in eine Entfremdungsmechanik hinein, die der Gesellschaft, von der man sich abgesetzt hat, den letzten Rest von Legitimität nimmt“ (Schmidtchen 1978, 48). „Die extreme Negativzeichnung des Gegners, der kapitalistischen Gesellschaft und ihrer Exponenten, führt zu einer Desensibilisierung gegenüber den potentiellen Opfern. Das Mitgefühl wird abgekoppelt. So wirksam, daß man am Ende auch auf alte Bekannte schießen kann“ (Schmidtchen 1978, 50).

5. *Topitsch* erhebt ähnlich *Lübbe* den Vorwurf (1978, 88), daß „die Troubadoure der permissiven Gesellschaft“ die Eskalation des linken Radikalismus bis zum Terrorismus „verniedlicht haben, bis blutiger Ernst daraus wurde“. Nach seinem Eindruck wirkt eine solche Verniedlichung ... „im Sinne eines Zangenangriffs, der durch das Zusammenwirken von ideologischer Propaganda und terroristischer Gewalt den demokratischen Rechts- und Wohlfahrtsstaat zerstören soll“. Die Ideologen würden sich „nach Möglichkeit der Schlüsselstellungen in Massenmedien oder im Erziehungswesen bemächtigen und aus diesen Positionen den psychologischen Krieg gegen die demokratische Ordnung führen (während) die Terroristen den anderen Arm der Zange bilden“. Auf diese Weise solle „die demokratische Regierung vor die Alternative gestellt werden, entweder die weiße Fahne zu hissen oder sich – im Falle der Gegenwehr – als angeblich ‚undemokratisch‘ zu kompromittiern“. Dabei werden, wie *Topitsch* hervorhebt (a. a. O.), die Freiheiten und Garantien des demokratischen Rechtsstaates extensiv und systematisch zu dessen Zerstörung in Anspruch genommen. Wenn sich dieser etwa gegen die Unterwanderung zu schützen sucht, wird wegen angeblicher ‚Berufsverbote‘ eine Protest- und Solidarisierungskampagne vom Stapel gelassen, und wenn er Terroristen vor Gericht stellt, wird eine Welle der Empörung über einen solchen Akt ‚brutaler Unterdrükkung‘ inszeniert. Genießen dann die Verbrecher in Gefängnissen die unglaublichsten Privilegien, so kennt die Entrüstung über diese ‚Isolationsfolter‘ keine Grenzen.“ Dadurch will man nicht zuletzt, schreibt *Topitsch* weiter, „jede wirkungsvolle Überwachung verhindern und hatte immerhin den Erfolg, daß die Banditen in der Haftanstalt ganze Kommunikationssysteme und Waffendepots an-

legen konnten" (Topitsch, 1978, 89). Die so viel beredete ‚politische Auseinandersetzung' sei hier sinnlos. Um so wichtiger sei „eine solche Auseinandersetzung mit jenen Kräften, die gewissermaßen den anderen Arm der Zange bilden, nämlich den intellektuellen und pseudointellektuellen Gruppen, welche durch ihre publizistische Tätigkeit den Gangstern die Gloriole von Märtyrern oder doch von unschuldigen Opfern einer unmenschlichen Gesellschaft verschaffen" (Topitsch, a. a. O.).

6. Auch von *Walter Laqueur* wird der Standpunkt vertreten (1977, 106), daß „letzten Endes nicht der Umfang einer terroristischen Aktion ausschlaggebend ist, sondern die Publizität". Diese Erfahrung sei „einer der Hauptgründe für den Wechsel vom ländlichen Guerilla zum Stadtterroristen in den sechziger Jahren" gewesen (in Lateinamerika, Palästina, Algerien). Denn „alle modernen terroristischen Bewegungen brauchen Öffentlichkeit; je kleiner sie sind, desto mehr sind sie darauf angewiesen, und das hat die Wahl ihrer Angriffsziele in bedeutendem Umfang beeinflußt" (Laqueur 1977, 106/107). Hinzu komme die notwendige Unterstützung durch Sympathisanten. Dazu heißt es: „Die Baader-Meinhof-Bande und die ‚Bewegung 2. Juni' verfügten über einige Sympathisanten unter linken Intellektuellen; man versuchte nicht, ihre Aktionen zu rechtfertigen, aber man hatte Verständnis; die Gesellschaft trug die Hauptschuld, nicht die Terroristen. Nach Ulrike Meinhofs Selbstmord im Mai 1976 veröffentlichte eine Reihe französischer Intellektueller (einschließlich Sartre, Simone de Beauvoir, Claude Bourdet, Claude Mauriac und andere) einen Appell, in dem sie Meinhofs ‚unmenschliches Leiden' beklagten und die Praktiken der Bundesregierung mit denen der Nazis verglichen, obgleich die Mitglieder der Baader-Meinhof-Gruppe und der ‚Bewegung 2. Juni' im Gefängnis eine fast beispiellose Freizügigkeit genossen, was es ihnen ermöglichte, selbst aus der Zelle heraus, terroristische Aktionen ihrer Mitglieder, die sich noch auf freiem Fuß befanden, zu dirigieren" (vgl. Laqueur 1977, 108). Die Großzügigkeit des Staates, sowie die Ermutigung durch Sympathisanten spielen also auch nach dieser Auffassung bei der Entwicklung und Ausbreitung des Terrorismus eine bedeutsame Rolle. Die Suche nach dem Typus einer „terroristischen Persönlichkeit" ist jedoch, wie *Laqueur* schreibt (Laqueur 1977, 124), vergeblich. „Wenn Männer und Frauen zu be-

stimmten Zeiten und an bestimmten Orten politische Gewalttaten verüben, Bomben geworfen und Pistolen abgefeuert haben, so (beweise) das nicht unbedingt, daß sie mehr miteinander verband, als Rosenzüchter und Briefmarkensammler verbindet.“ Das „einzige verbindende Merkmal aller terroristischen Bewegungen (bestehe darin), daß sie sich aus jungen Mitgliedern zusamensetzen“ (Laqueur 1977, 117), eine Erscheinung, die kaum der Erläuterung bedürfe. Denn „die Aufrufe zu Aktion befeuern gewöhnlich nicht den Enthusiasmus der mittleren und älteren Jahrgänge, und gewagte Aktionen erfordern körperliche Gewandtheit“ (Laqueur 1977, 116). Andere Gemeinsamkeiten zu finden sei schwierig. Auffällig sei jedoch noch, daß sich „nationalistisch-terroristische Gruppen immer aus jungen Leuten mit niedrigerem sozialen Hintergrund zusammengesetzt (hätten) als die sozialistisch-revolutionären Gruppen“ (Laqueur 1977, 119). Insoweit wird von Laqueur darauf verwiesen, daß die Eltern von *Ulrike Meinhof* Kunsthistoriker waren (und sie von einer bekannten Kunsthistorikerin erzogen wurde), daß *Gudrun Ensslins* Vater evangelischer Pfarrer ist, daß auch *Baaders* Vater Akademiker war und *Holger Meins'* Vater ein wohlhabender Hamburger Kaufmann; die Eltern der übrigen deutschen Terroristen seien ebenfalls überwiegend Universitätsprofessoren, Schriftsteller oder freiberuflich Tätige (vgl. Laqueur 1977, 160). Als interessant wird dazu vermerkt, daß sich auch unter den russischen Revolutionären im vorigen Jahrhundert viele Söhne und Töchter der Aristokratie und des Landadels befanden. So habe eine Liste von 365 Revolutionären, die in den achtziger Jahren des 19. Jahrhunderts in Rußland verhaftet worden waren, gezeigt, daß immerhin fast die Hälfte, nämlich 180, der Oberschicht angehörten (Laqueur 1977, 118).

7. Auch *Wördemann* stellt sich die Frage, „warum sich der überwiegende Teil deutscher Führungsfiguren aus den Familien des ‚gehobenen Bürgertums‘, aus Akademikern und ‚Intellektuellen‘ rekrutiert: warum gerade sie?“ (vgl. Wördemann 1977, 274). Das gängige Wort von der „Generationenrevolte“ machte studentische Unruhe zwar verständlich, aber es genüge nicht, „um den spezifischen Charakter des Terrorismus, wie er sich in der Bundesrepublik zeigt, zu erklären. Die Wurzeln dieser bis zur Absurdität und Sinnlosigkeit getriebenen Überspitzung theoretischer Positionen würden weiter

zurückreichen als in die ‚sechziger Jahre' der radikalen Entzauberung überlieferter Autoritäten" (Wördemann 1977, 275). *Wördemann* kommt dann aber doch wieder auf die Generationenrevolte zurück. So hätten die Jahre nach 1945 im Anschluß an die „radikal-persönlichen" Erfahrungen, die jeder während des Krieges und nach dem Kriege durchmachen mußte, „eine politisch kompetente und nüchtern engagierte, rational operierende Intelligenz in Deutschland hervorgebracht", die auf die nächste Generation offenbar nicht vererbt werden konnte. Denn bei dieser „schlug die Wiederbelebung des romantischen Affekts im Gewand scheinbar vorwärts gerichteter Rationalität durch" (Wördemann 1977, 277 unter Hinweis auf Richard Löwenthal). Daß der Protest auf den Universitäten begann, habe mit dem „grundsätzlich extrem-elitären Akt der Verweigerung jeglicher Gemeinsamkeit und Kooperation durch Minderheitsgruppen von Funktionslosen (zu tun), die sich von der Beweisbarkeit der Leistungen (der modernen arbeitsteiligen Industriegesellschaft) ausgeschlossen glauben oder sich bewußt ausgeschlossen haben" (Wördemann 1977, 278). Diese Situation der Entfremdung in einer Zeit, in der „die persönlichen Beziehungen der Menschen durch unpersönliche Markt- und Geldbeziehungen ersetzt wurden" (Wördemann 1977, 275), treffe vor allem auf die Kinder des gehobenen Bürgertums zu, die sich dieser Lage offenbar eher als andere bewußt werden. Daß der Protest „von diesen konzipiert und geprägt wurde", sei daher „nichts Absonderliches, nichts, was staunen machen müßte". Denn: „über den Normalfall staunt man nicht" (Wördemann 1977, 278).

8. *Hättich* kann sich „die Bühne, auf der sich Gewaltsamkeit und Terrorismus abspielen, ... ohne die von der radikalen Demokratiekritik gestellten Kulissen nicht zureichend" vorstellen (Hättich 1978, 192). Er untersucht in seinem Aufsatz die Frage, „mit welcher Stringenz die Verbreitung radikaler Demokratiekritik Affinität zur Gewalt erzeugen kann" bzw. „inwieweit die Demokratiekritik der Gegenwart radikale Lösungen impliziert und eben dadurch Magnetfelder der Gewalttätigkeit in unserer Gesellschaft auslegt" (Hättich 1978, 194). In diesem Zusammenhang wird u. a. beklagt, daß „die Identifizierung umstrittener Problemlösungen mit essentiellen Prinzipien der Demokratie in letzter Konsequenz jeden Gegner dieser Lösung zum Feind der Demokratie macht" (Hättich 1978, 195).

„Anstatt den Menschen kompetenter und souveräner zu machen für die Bewältigung und Selektion im komplexen Feld der Mischungen von Selbstbestimmung und Fremdbestimmung, von Unabhängigkeit und Abhängigkeit, von Verweigerung und Anpassung (habe) ihm eine Emanzipationspädagogik eingeredet, er verwirkliche sich selbst nur in dem Maße, indem man sich von Zwängen, Normen und Abhängigkeit frei mache“ (Hättich 1978, 197). Die „totale Systemkritik (habe) Haß gezüchtet gegenüber diesem Staat und gegenüber seinen Repräsentanten, damit aber auch gegen die große Mehrheit des Volkes, daß sich im Prinzip bei aller Kritik von diesem als freiheitliche Bürger repräsentiert fühlt“ (Hättich 1978, 199). Das Problem sei nicht die Kritik selbst, „unser Problem (sei) vielmehr, daß zu viele der publikumswirksamen Kritiker ihre Kritik von einer Position aus vorbringen, die zumindest immer wieder den Eindruck erweckt, daß sie Vorgänge von außerhalb des Systems kritisieren“ (Hättich 1978, 200).

II. Stellungnahmen aus der Psychologie

Während von soziologischer und politikwissenschaftlicher Seite immerhin eine ganze Reihe von Beiträgen zu den Ursachen des Terrorismus vorliegen, sind die Stellungnahmen aus den Fachbereichen Psychiatrie und Psychologie (noch) relativ selten. Vor allem die Psychiater schweigen sich aus und zwar grundsätzlich auch solche, die als Gutachter mit Terroristen Kontakt hatten (wie z. B. *Witter* und *Rasch*). Diese Zurückhaltung mag vielleicht (auch) damit zu tun haben, daß sich die Terroristen bisher jeder Exploration widersetzten. Gleichwohl liegen Erklärungsversuche von einigen Psychologen bzw. Psychotherapeuten vor, zu denen u. a. *Peter Hofstätter, Margarete Mitscherlich-Nielsen, Edelgart Quensel* und *Elisabeth Müller-Luckmann* gehören. Da Frau *Müller-Luckmann* auch in dem vorliegenden Band mit einem Beitrag erscheint, werden an dieser Stelle nur die Aufsätze der übrigen Autoren skizziert.

1. *Hofstätter* weist zunächst auf die Tatsache hin, „daß nicht wenige unserer Terroristen Mitglieder des sog. ‚Heidelberger Patientenkollektivs‘ und damit wohl zumindest ausgesprochene Neurotiker waren“ (Hofstätter 1978, 168). Seine Ausführungen befassen sich sodann mit der Frage, wie die Erziehung ihrer Sozialisationsaufgabe gerecht werden kann, „wenn man . . . den Personen, die dafür verantwortlich sind (. . . Eltern . . . und Lehrern . . .) zunächst

einmal die Legitimation entzieht, wenn man sie danach jahrelang verunsichert und wenn man ihnen schließlich anrät, die Kinder in einer Gemeinschaft von ihresgleichen möglichst sich selbst zu überlassen" (Hofstätter 1978, 170). Hofstätter vertritt insoweit die Meinung, daß Erziehung zu sozial angepaßtem Verhalten ihre Aufgabe auch darin sehen muß zu hemmen, zu verbieten und zu unterdrücken. „Unsere kritischen Humanisten" würden sich zugunsten des von ihnen propagierten Hemmungsabbaus „mit Vorliebe auf *Freud* berufen, wobei sie freilich dessen Theorien der Gesellschaft und der Kultur in der schamlosesten Weise verfälschten" (Hofstätter, a. a. O.). So stehe es „z. B. ganz außer Zweifel, daß *Freud* die sog. antiautoritäre Erziehung strikt abgelehnt hat". In der „Neuen Folge der Vorlesungen zur Einführung in die Psychoanalyse" (1932; Ges. W. XV, S 160) schreibt dieser nämlich: „Machen wir uns klar, was die nächste Aufgabe der Erziehung ist. Das Kind soll Triebbeherrschung lernen. Ihm die Freiheit geben, daß es uneingeschränkt allen seinen Impulsen folgt, ist unmöglich. Es wäre ein sehr lehrreiches Experiment für Kinderpsychologen, aber die Eltern könnten dabei nicht leben und die Kinder selbst würden zu großem Schaden kommen, wie es sich zum Teil sofort, zum anderen Teil in späteren Jahren zeigen würde. Die Erziehung muß also hemmen, verbieten, unterdrücken, und hat dies auch zu allen Zeiten reichlich besorgt." Freud hielt „sogar revolutionäre Kinder in keiner Hinsicht für wünschenswert" (Freud, a. a. O., S 162). *Hofstätter,* der in seinem Aufsatz dieses Zitat bringt, hebt ergänzend hervor, daß die heute oft praktizierte Erziehung, die in dem Rat gipfelt, „so viel an persönlichen Vorteilen herauszuholen wie irgend möglich", eine Erziehung zur „Gemeinschaftsblindheit" bedeute, „die nahezu zwangsläufig dort einsetzt, wo Eltern so sehr verunsichert sind, daß sie ihren Erziehungsauftrag erst gar nicht mehr zu übernehmen wagen" (Hofstätter 1978, 171). Denn die Maxime der Progressiven sehe so aus, „daß jede Form von Autorität erst zu hinterfragen' und sodann abzubauen ist, die der Eltern ebenso wie die des Staates" (Hofstätter 1978, 172). Zu beklagen sei auch der unglückliche Einfluß, der von manchen Hochschullehrern auf die Studenten ausgehe. Zwar habe es in den letzten 15 oder 20 Jahren nicht an Warnungen an die Adresse solcher Universitätsdozenten gefehlt, „mit denen (diese) auf die möglicherweise gefährlichen Konsequenzen ihrer Reden und Schriften hingewiesen wurden, der Erfolg blieb (jedoch) aus" (Hofstätter 1978, 168). Und bitter ironisch erinnert *Hofstätter* schließlich daran, daß „auch namhaften Verlegern natürlich kein Vorwurf daraus zu machen ist, daß sie das Schrifttum des Anarchismus in wohlfeilen Reihenausgaben auf den Markt“ gebracht haben (Hofstätter 1978, 169). Das „Resultat aller Einflüsse“ sind nach *Hofstätter* die vielen, „die richtungslos umherirren, und einzelne, die sich im Vakuum zur Usurpation von Gewalt berufen fühlen“ (Hofstätter 1978, 172).

2. *Margarete Mitscherlich-Nielsen* und *Edelgart Quensel* beschäftigen sich mit dem Sonderproblem: „Frauen und Terror“, d. h. mit der Frage, weshalb sich unter den Terroristen so viele Frauen befinden. Die Familien, aus denen diese jungen Frauen der Mittel- und Oberschicht stammen, schreibt Frau *Mitscherlich-Nielsen,* „sind meist dadurch geprägt, das der Vater als Vertreter der Gesellschaft in ihnen der bestimmende ist, nach dessen Wertvorstellungen man sich zu richten gewohnt ist“ (Mitscherlich-Nielsen 1978, 20). Gleichzeitig sei „dieser ‚starke‘ Vater innerhalb der Familie nicht selten ein von der Mutter verwöhntes Kind, das seinen Launen freien Lauf lassen darf“ (Mitscherlich-Nielsen 1978, 21). Diese „tyrannisch-infantile Seite des Vaters, die man mehr oder weniger als selbstverständlich hinzunehmen gelernt hat (so schreibt Frau *Mitscherlich-Nielsen*), pflegt aber dennoch von der Mutter und den heranwachsenden Kindern insgeheim verachtet zu werden. Eine solche Mutter, die einerseits alles Männliche idealisiert, sich wie selbstverständlich tyrannisieren und beherrschen läßt, andererseits oft innerhalb der Familie die einzig Erwachsene ist, den Vater ... dennoch untergründig verachtet, stellt für das heranwachsende Mädchen ein verwirrendes Vorbild dar. Viele der Haltungen und Funktionen ihrer Mutter hat sie im Laufe der Kindheit verinnerlicht; so übernimmt sie dann auch mit der Verachtung oder doch dem Gefühl der Zweitrangigkeit der eigenen Wirklichkeit die doppelgleisige Einstellung der Mutter zum Vater, zur Welt der Männer überhaupt. Das Gefühl der eigenen Minderwertigkeit der Welt des Vaters gegenüber und der gleichzeitigen Verachtung für ihn erhöht das Bedürfnis, aus dieser zwiespältigen Situation auszubrechen. Die Identifikation mit der in sich ungeklärten und oft unaufrichtigen Haltung der Mutter erhöht das Gefühl eines eigenen Zerstörtseins und läßt eine junge Frau oft begierig nach Bestätigung von außen greifen oder

nach Sicherung durch Mitgliedschaft in anderen Gruppen, die ihr neue Wertvorstellungen und eigene Identität vermitteln können." Wenn nun sog. ‚richtige Ziele' rücksichtslos verfolgt werden, heißt es bei Frau *Mitscherlich-Nielsen* weiter, „stecken dahinter oft Aggressionen, die infolge von Kränkungen des Selbstwertgefühls entstanden sind. Die unglückliche Verbindung von Idealisierung und Aggressionen, die sich in unserem Lande als so haltbar erweisen", würde sich „auch bei den Terroristinnen finden: Die Gruppe und deren Ziel wird idealisiert – die bestehende Gesellschaft verteufelt" (Mitscherlich-Nielsen 1978, 21). „Für manche der Terroristinnen mag es ein primitiver Triumph sein, wenn sie erleben, daß die Verhältnisse sich umdrehen und Männer vor ihnen und ihrer Gewalttätigkeit zu zittern beginnen" (Mitscherlich-Nielsen, a. a. O.). So hätten sich bezeichnenderweise „die terroristischen Einzelaktionen der letzten Zeit immer (nur) gegen Männer gerichtet *(Lorenz, Buback, Ponto, Schleyer),* die, wenn sie als Geiseln entführt, in ihrer Schwäche und Hilflosigkeit bloßgestellt, verhöhnt und der Öffentlichkeit in ihrem Elend preisgegeben wurden" (Mitscherlich-Nielsen 1978, 20). Frauen hätten „noch mehr als Männer das unbewußte Bedürfnis, sich zu rächen, um tiefsitzende seelische Kränkungen loszuwerden" (Mitscherlich-Nielsen 1978, 21). „Möglicherweise zeigen diese zu Terroristinnen gewordenen Töchter (aber auch nur) ihren Müttern, was sie von ihnen eigentlich an Durchsetzungskraft erwartet hätten" (Mitscherlich-Nielsen 1978, 20). Daß die führende Rolle in der Bande dann doch wieder an einen Mann überging, nämlich *Baader,* erklärt Frau *Mitscherlich-Nielsen* so (Mitscherlich-Nielsen 1978, 22): „Auch bei *Ensslin* und *Meinhof* haben wir es offenbar im Laufe ihrer Entwicklung mit einer intellektuellen Regression und einem Rückzug auf typisch weibliche Unterwerfungs- und Aufopferungshaltungen gegenüber brutal auftretenden Männern zu tun."

3. Die Identitätsproblematik, die bei *Margarete Mitscherlich-Nielsen* bereits erwähnt worden ist, hat *Edelgart Quensel* bereits in die Überschrift ihres Aufsatzes aufgenommen: „auf der Suche nach Identität" (Quensel 1978, 69). Eine Chance der Selbstverwirklichung für Frauen, schreibt sie, „gibt es kaum . . . und ihre Versuche, untereinander ins Gespräch zu kommen, werden belächelt und diskriminiert, weil sie ja ihres beschränkten Horizonts wegen doch nur Küchenprobleme austauschen oder tratschen" (Quensel 1978, 74).

Soziale Anerkennung erlange „die Frau entsprechend der ‚männlichen Ideologie über die Weiblichkeit‘ nur in der Rolle der aufopferungsbereiten Mutter“ (Quensel a. a. O.). Eine Gegenströmung gegen dieses traditionelle Rollenverständnis der Frau bilde die Frauenbewegung. In deren Gefolge hätten „die Frauengruppen eine richtungweisende Bedeutung, und zwar insbesondere unter dem Aspekt der Bewußtseinsveränderung und Identitätsfindung“ (Quensel 1978, 75). Wenn man davon ausgehe, „daß Frauen in unserer Gesellschaft eine äußerst unklare Position einnehmen, daß sie sich selbst unsicher und in ihren Möglichkeiten eingeschränkt fühlen und zugleich ihr ‚Leiden‘ bewußt erleben, dann (liege) es nahe, daß sie ihre Situation zu verändern suchen. Dies (könne) entweder durch Solidarisierung mit anderen Betroffenen geschehen oder aber wie zumeist unter Zuhilfenahme solcher Institutionen, die ein Hilfsversprechen geben, zum Beispiel Psychotherapeuten und Ärzte, schließlich durch Anschluß an Gruppen, die für sich beanspruchen, angeblich zu wissen, was verändert werden muß. In diesem Sinne (sei) die RAF für Frauen attraktiv“ (Quensel 1978, 76).

Terrorismus: Psychologische Deskription, Motivation, Prophylaxe aus psychologischer Sicht

von Elisabeth Müller-Luckmann

Es ist unmöglich, eine hochkomplexe Problematik auf die Erkenntnisse einer einzigen Disziplin zu reduzieren. Derartiges ist gerade im Zusammenhang mit ähnlichen Fragestellungen (der Betrachtung sozialer Devianz) gelegentlich versucht worden, z. B. *von Affemann* (1974, 190), wenn er sich erhofft, auf tiefenpsychologischen Aussagen ließe sich so etwas wie eine neue Ethik aufbauen. Dies scheint mir zu bedeuten: Überschätzung der Tragfähigkeit einer rein psychologischen Interpretation gesellschaftlicher aber auch individueller Zustände. Überdies lassen sich die Aussagen über den Terrorismus bis jetzt nicht – und wahrscheinlich niemals – operationalisieren. Kausale Erklärungsversuche sind bei derartigen Phänomenen fruchtlos.

Wenn man trotzdem nachzuzeichnen versucht, was in den Köpfen von Terroristen vor sich gehen mag und warum sich dies in ihren Handlungen niederschlägt, dann steht man von vornherein vor der Tatsache, daß sich der Gegenstand der klassischen Methodik entzieht. Ferndiagnose, d. h. Schreibtischanalyse von dokumentierten Lebensläufen, politischen Pamphleten und öffentlichen Verbalisierungen sind kein Ersatz dafür, daß sich noch kein Teilnehmer an der terroristischen Szene den Experten gestellt hat. Bei gewöhnlichen Kriminellen können Experten in der Regel reichliches Material anamnestischer und diagnostischer Natur sammeln, hier ist ihnen dies bis jetzt versagt.

In der Terroristenszene ist das Individuum in die übergreifende totalitaristische und rigoristische Geisteshaltung eingeschmolzen; es kann denen, die es in Frage stellen wollen, folgerichtigerweise nur mit Verachtung begegnen. Sich ihnen zu überantworten, wäre ein erster Schritt zur Selbstaufgabe und zur Einordnung in die Denkkategorien der zu zerstörenden Gesellschaft. Es bringt indessen nicht weiter, diese Art der Persönlichkeitsprofilierung etwa schlicht als neurotisch zu bezeichnen. Die Verführung dazu ist groß, weil bekanntermaßen sozial abweichende Verhaltensweisen (im weitesten Sinne) sehr häufig auf neurotischen Entwicklungen beruhen. Aber sie erschöpfen sich nicht in derartigen Erscheinungsbildern, und auch die Tendenz zur Gewaltanwendung ist kein Kriterium neurotischer Verfassung. Es dürfte kaum abweisbar sein, daß solche Mechanismen gleichwohl an den Persönlichkeitsdeformationen von Terroristen erheblich beteiligt sind. Im übrigen dürfte eine solche Aussage bei den Betroffenen äußerste negative Affekte wecken. Wer das vermeintliche Recht auf seiner Seite weiß, wer glaubt, durch Revolution das wahre Glück vieler herbeiführen zu müssen, mit denen er sich identifiziert (aber ist dieser Identifikationsprozeß gelungen?), obwohl diese nicht mit Identifikation zu antworten bereit sind, der kann die Etikettierung „Neurotiker" nur voll äußersten Zornes abweisen.

Wie kann es aber dazu kommen, daß ein zumeist junger, zumeist geistig alles andere als unzulänglich ausgestatteter und durch seine äußeren Lebensumstände auch nicht benachteiligter Mensch sich einer homogenen Idee mit Ausschließlichkeitscharakter überantwortet und sie gewaltsam durchzusetzen versucht? Der hypothetische Charakter solcher Betrachtungen ist inzwischen zu oft betont worden, als daß wir hier noch einmal darauf eingehen müßten. Wir brauchen uns jedoch für Hypothesen nicht zu entschuldigen. Im Vorfeld von Ursachenforschung ist die Hypothesenbildung eine notwendige und legitime Verfahrensweise.

Was ist zu beobachten? 1. Ein Mangel an sinnvermittelnden Erlebnissen. Das Finden eines Sinnes im eigenen Tun kann unter anderem schon durch früh entstandene Lerndefizite verhindert werden. In diesem Zusammenhang wäre in erster Linie an die Elternhäuser der Betroffenen zu denken: zumeist als im wesentlichen intakt und als chancenvermittelnd beschrieben – was im Hinblick auf die äußere Fassade wohl auch kaum zu leugnen ist. Aber wissen wir, was sich hinter einer scheinbar intakten Fassade wirklich verbirgt? Es ist eine Binsenwahrheit, daß Erziehung in jedem Milieu mißlingen kann. Es ist zudem vorstellbar, daß wir die erzieherischen Potenzen von Familie stark überschätzen, vor allem ihre normenvermittelnde Kraft versus Außeneinflüsse, die dem öffentlichen Leben entstammen.

Hier können allenfalls umfangreiche Längsschnittuntersuchungen über die Normierungskraft von Erziehungsstilen Aufschluß geben – wissenschaftlich aufwendige und methodisch äußerst diffizil zu planende Unternehmungen.

2. Widerwillen gegenüber der Realität, wie sie von einem breiten Konsensus von Zeitgenossen anerkannt wird. Dabei kann die aggressive Forderung von Terroristen nach einer ganz anderen Realität nicht an bereits verwirklichten Zuständen überprüft werden. Nun ist der Übergang zwischen einem gleichfalls teilweise von Utopien geleiteten kreativen Denken einerseits und einer Realitätsverkennung andererseits zweifellos fließend. Es scheint, daß wir uns gerade hier an einer der Nahtstellen befinden, wo sich Sympathisantentum am Rande der Terroristenmentalität ansiedeln kann. Wo Realitätsverkennung gröberen Ausmaßes erkennbar wird – und das ist immer dann gegeben, wenn die Betroffenen keine Alternativen mehr in den Blick nehmen können – wird sie zum Kriterium abartiger psychischer Verfassung. Es ist denkbar, daß sich unter Terroristen border-line-Existenzen finden, bei denen der Realitätsbezug durchgängig – nicht nur im politischen Bereich – sehr schwach entwickelt ist. Gemeint ist hier nicht der Abweichler, der sich eben deswegen außerhalb der eigenen extremen Bezugsgruppe zum Verrückten erklären lassen muß, sondern gemeint ist lediglich die Unfähigkeit, sich auf einen Minimal-Konsensus mit anderen zu einigen, z. B. auf den Verzicht auf die Vernichtung von Leben Andersdenkender.

3. Vorstellbar ist das Eintreten von Denkdefiziten. Wenn Denken psychologisch bedeutet: Ordnung in die Welt der umgebenden Objekte zu bringen, dann kann es sich bei den hier ins Blickfeld rückenden Denkprozessen nur um eine subjektive Ordnung handeln, die sich stark mit emotionalen Bedürfnissen integriert. Dies ist ohnehin verbreiteter als auf seiten der Verfechter eines rational und voluntativ orientierten Menschenbildes gemeinhin angenommen wird. Es ist das Verdienst von *Albert Ellis* (1977, 46), auf die unerhörte Suggestivkraft von Verbalisierungen hingewiesen zu haben. Ellis hat auch der Tiefenpsychologie vorgehalten, die Sprachaspekte der menschlichen Neurosen weitgehend zu vernachlässigen. Bei ihm finden wir die Sätze: „Daß . . . jede Emotion ihr kognitives Gegenstück und jede intellektuelle Erkenntnis ihre emotionale Entsprechung hat – aus Denken wird oft Fühlen und Gefühle lösen ihrerseits Gedan-

ken aus." Seine Formulierungen mögen gelegentlich naiv klingen und auch nicht immer neu sein. Aber bestimmte Erkenntnisse geraten von Zeit zu Zeit in Vergessenheit und müssen deshalb immer wieder neu akzentuiert werden. In der rational-emotiven Therapie von Ellis wird genau das zu beseitigen versucht, was Verhaltensstörungen bewirkt, nämlich: Selbstindoktrination durch höchst fragwürdige Parolen. Eben diese Selbstindoktrination wird jedoch in der Terroristenszene geradezu kultiviert als Stilmittel der Aufrechterhaltung unverrückbarer Überzeugungen. Dabei werden Denkprozesse zunehmend abstraktiver, d. h. die Identität von Fühlen und Denken wird dadurch erreicht, daß Haßobjekte ihrer persönlichen, unverwechselbaren Struktur beraubt und entindividualisiert werden: sie werden zu „Bullen", „Imperialisten", „Charaktermasken", die man ohne Skrupel zum „Abschuß" freigeben kann. Hier wird also die Tatsache der Autosuggestibilität durch das Wort bewußt benutzt und, wie das betont niedrige Sprachniveau der Terroristen zeigt, gezielt mit stärksten Affekten operiert. Die Sprache der Gewalt kann nicht ästhetisch sein.

4. Die Überantwortung an die Gruppe. Darin dürfte so etwas wie Hingabesehnsucht erscheinen, aber auch eine Sehnsucht nach Einheit von Bewußtsein und Handeln, mit anderen Worten, eine Hinwendung zu vereinfachenden Daseinstechniken. Die selektive Selbstbeschränkung auf ein beherrschendes Daseinsthema koppelt sich also mit einer weitgehenden Selbstaufgabe. Die Entindividualisierung, die sich im Umgang mit dem „Objekt Mitmensch" bemerkbar macht, bezieht die eigene Person mit ein. Es zeigt sich dabei so etwas wie die Lust am Untergang des Ichs. Allerdings ist dieser Vorgang keineswegs frei von Ambivalenz, einem der Hauptkriterien jeglichen neurotischen Verhaltens.

5. Aggressivität ist nicht verpönt; sie ist ein Ausdruck von Bedürfnis nach „action" und wird, im Grunde Ausdruck äußerster Egozentrizität, ideologisch verkleidet. Die Faszination durch das „Machbare" in aggressiver Form scheint bei den Mitgliedern der Terrorszene beträchtlich zu sein. Dabei findet gleichzeitig eine kräftige Über-Ich-Entlastung statt: es dürfte ein hohes Maß an Befriedigung entstehen können, wenn man Aggressionen realisiert unter dem Deckmantel sittlicher Empörung über Mißstände. Hier wäre auch nicht nur an aggressive Selbstverwirklichung, sondern ebenfalls an ein moralisch

kaschiertes Ausleben sadistischer Tendenzen zu denken. Sadismus und Moralistentum treten nicht selten zusammen auf.
Dieser Einengung auf aggressive Verwirklichungstechniken entspricht das fokussierte Weltbild, das man sich zuvor geschaffen hat. Jede subtile Erfassung nuancierter Möglichkeiten von Weltgestaltung würde Aggressivität möglicherweise reduzieren: folgerichtigerweise gehören einerseits subjektive Normenreduktion und andererseits massive Durchsetzungstechniken dieser reduzierten Normen zusammen.

Zum „Warum".

Sinnfindung ist in einer immer weniger überschaubaren Welt äußerst schwierig geworden. Die ihr notwendig vorausgehende Orientierung in einem fast total relativierten Wertsystem setzt ein hohes Maß an geistiger Beweglichkeit, Kritikfähigkeit, Bereitschaft zur ständigen Revision und eine ausgeprägte Ich-Stärke voraus. Die Verführung zu vereinfachen, ist groß, dem auch im menschlichen Organismus obwaltenden Trägheitsprinzip zufolge (*Alexander* 1946). In der Reduktion auf einfache Denkschemata rettet sich das Individuum vor einem alle Kräfte herausfordernden Auseinandersetzungsprozeß mit der Umwelt. Denn Totalitarismus und Rigorismus als Geisteshaltung sind gleichzeitig Verkürzungen der komplexen Realität der Welt und dienen damit der Entlastung des Individuums von der Herausforderung ständiger geistiger Auseinandersetzung. Sie sind eine Art von Streßbewältigung.

Die Erfahrung des Vorhandenseins hochentwickelter technischer Systeme kann zur Vorstellung einer totalen „Machbarkeit" führen, in die der Mensch einbezogen wird. Die Faszination, die z. B. Waffen auf ichschwache Naturen ausüben, ist aus der Kriminologie hinreichend bekannt. Die instrumentelle Verfügbarkeit und gleichzeitig die Verletzlichkeit einer auf reibungsloses technisches Funktionieren angewiesenen Welt dürfte für viele eine große gedankliche Anziehungskraft haben und stimulierend wirken auf die eigene Handlungsbereitschaft, die um so größer sein dürfte, je schmaler das Spektrum von Sinn- und Werterlebnissen ist. Sinnleere, damit Langeweile, ist zweifellos eines der Motive, die scheinbar unsinnige Zerstörungstaten hervorbringen: wenn der Mensch kein Drama erlebt, macht er sich eines. In diese Formen von „action" geht sicher auch das Ur-Bedürfnis des „homo ludens" ein, der sich und seine Kräfte am Widerpart des Objektes erprobt und dies mit der (in diesem Augenblick als regressiv zu klassifizierenden) verantwortungslosen Funktionslust des Kindes tut, das auch an der Zerstörung des Objekts noch seine spielerische Freude hat: dies habe ich bewirkt. Ein Gefühl, das sich steigert, je spektakulärer, je öffentlichkeitsbezogener das produzierte Ereignis ist. Omnipotenzgefühle sind die kompensierende Satisfaktion vieler sozial devianter Täter. Es gibt keine bescheidenen Gewalttäter. Omnipotenzgefühle werden aber auch fast nur von im Realitätsbezug zutiefst gestörten Personen entwikkelt.

Wir haben zudem auf die Entwicklung und Pflege einer historisch orientierten Dimension von Selbstverständnis nahezu verzichtet. Die weitgehende historische Naivität, die daraus folgte, besteht in der Unfähigkeit vieler junger Menschen, ideologische Angebote nach historischem Bezug, Gegenwartsbedeutung und Zukunftsträchtigkeit in größere Zusammenhänge einzuordnen. Ideen werden als „neu" propagiert, die längst vorgedacht sind und ihre (Nicht-) Bewährungsprobe bereits erbracht haben, ohne daß dies von den Epigonen auch nur bemerkt wird. Schlichte Unkenntnis dürfte also ebenfalls zu den Wurzeln scheinbar innovatorischer Zukunftsplanungen gehören und damit auch die Egozentrizität der eigenen Existenz, die Verleugnung ihrer zeitlich begrenzten Wirksamkeit und der Kontinuität ihres Handelns. „Progressivität" kann nur da kritiklos auf den Thron gehoben werden, wo es an solchen Verständnisbezügen erheblich mangelt.

Was tun?

Wir sind wahrscheinlich allzu leichtfertig mit dem Begriff des „mündigen Bürgers" umgegangen, haben Postulat mit Wirklichkeit verwechselt. Mündige Bürger können eben diese Mündigkeit nicht ohne Verarbeitungshilfen für eine verwirrende Weltfülle gewinnen. Verarbeitungshilfen sollten vor allem dem kritischeren Umgang mit Medien gelten (dem Durchschauen der Selektion von Nachrichten, ein Vorgang, der von den meisten zu Unrecht für objektiv gehalten wird). Viele Untersuchungen haben ergeben, daß dieses „gatekeeping", ein Ausdruck, den *David M. White* für die Herausgeber von Depeschenagenturen prägte, ein durchaus subjektiver Vorgang ist, der von Voreinstellungen und Vorurteilen geleitet wird (die einzige Nachricht z. B. über Deutschland, die sich binnen einer Woche in einer großen schwedischen Tageszeitung im Jahre 1978 fand, handelte von der Aufdeckung einer Gruppe von Neonazisten, die es sich zum Ziel gesetzt habe, Rudolf Heß gewaltsam aus dem Gefängnis zu befreien). Auch der kritische Umgang mit den Darstellungen von Gewalt in den Massenmedien müßte gelehrt werden.

Die Notwendigkeit des Schaffens von Verarbeitungshilfen könnte aber reduziert werden durch eine stärkere geistige Selbstkontrolle der Meinungsmultiplikatoren im weitesten Sinne. Intellektuelle sind prinzipiell geneigt, für Leute ihres Schlages zu produzieren und berücksichtigen nur selten, daß subtile Metaphern von vielen als direkte Handlungsanweisungen aufgefaßt werden: man könnte das die Fahrlässigkeit der Intellektuellen nennen. Ein Beispiel: *Conrady* (1978, 36) zitiert aus einem Lesebuch (Drucksachen 8 für Gymnasien) einen Vers (aus „Kinderverse, gesammelt von *Peter Rühmkorf*"):

> Du sollst Deine Eltern lieben
> Wenn sie um die Ecke glotzen
> Sollst sie in die Fresse rotzen

und dazu eine „Leseanweisung", mit der, wie Conrady meint, der „Prozeß des distanzierend kritischen Lesens" in Gang gesetzt wird: „Du kennst vermutlich noch andere Verse, die unter Kindern von Mund zu Mund überliefert werden und hast einmal (immer noch?) Spaß daran gefunden. Kannst Du Dir denken, weshalb?" Conrady fragt weiter: „Sollen sie (solche Verse) aus einer unterrichtlichen Erörterung ausgeklammert werden, die zur Kritikfähigkeit hinführen will, die Sprache und ihre Anwendung durchsichtig machen will?" Nun ist diese Leseanleitung tatsächlich mit einer derart keuschen Dezenz formuliert, daß man wohl sagen muß: um diesen Prozeß zu initiieren, dürften die meisten Schüler sehr viel kräftigere Hinweise benötigen – und, wie Conrady später zu Recht anmerkt: sie benötigen die tatsächlich fehlende Dimension der historischen Erfahrung, ohne die (so Conrady) „distanzierend kritisches Lesen" nicht gewonnen werden kann. Hier wäre ein überparteilicher und interdisziplinärer interkultureller Konsensus der Selbstbesinnung von Wissenschaftlern, Künstlern, Medienmachern usw. dringend zu fordern, ein Konsensus, der sich u. a. der Mühe unterzieht, den abgewirtschafteten und verteufelten Begriff der Autorität neu zu definieren. Mit „Zensur“ hat dies überhaupt nichts zu tun, wenn man eine erhöhte und verantwortliche Selbstreflexion aller für die sprachliche Ausdrucksform Verantwortlichen fordert. Es ist nicht einzusehen, warum sich der Atomphysiker mehr Gedanken um die Folgen seiner Forschung machen sollte als der Schriftsteller usw. Dazu gehört auch die Beobachtung des immer mehr sinkenden Sprachniveaus insbesondere auch in der politischen Auseinandersetzung. Was Politiker aller Couleur in dieser Beziehung produzieren, um Feindbilder aufzubauen, ist geeignet, das Fürchten zu lehren. Die Sprachverwilderung ist bereits so fortgeschritten, daß sich ohne weiteres ein neues „Wörterbuch des Unmenschen“ (*Sternberger, Storz, Süskind,* 1957) schreiben ließe. Gruppeninterne Codierungen von Sprache schaffen eine Form von Gesellschaftsunlust, die aus einer sozialen Distanz erwächst wie wir selbst sie künstlich schaffen. Auch das gehört zur Demontage des Individuums, wie sie den Zerstörern gesellschaftlichen Friedens nur willkommen sein kann.

Lernziel kann eigentlich folgerichtigerweise demnach nur sein: alles zu tun, um auf Simplifizierung drängende Köpfe zu lehren, Alternativen im Blick zu behalten und sich mit den unausweichlichen Widersprüchen unserer Demokratie konstruktiv auseinanderzusetzen – sie zu reduzieren, ohne an ihnen zu verzweifeln.

In jeder Karriere, die es in der Terrorszene gibt, muß es einen Punkt geben, in dem sich die endgültige Abkehr von Recht und Ordnung vollzieht. Der bislang Verhaltensunsichere strebt nach Verhaltenssicherheit und findet sie im festen Rahmen der Minderheit, die sich außerhalb jeder Ordnung stellt. Diese Phase gilt es zu beobachten und zu erkennen. Wahrscheinlich haben sich die meisten individuellen Entwicklungen dieser Art in Wirklichkeit unbemerkt vollzogen, sind bagatellisiert, nicht ernstgenommen, verkannt worden. Ein Mensch, der glaubwürdige und zur Orientierung geeignete Partner hat, wird nicht kriminell noch Terrorist. In den Diskussionen der letzten Monate erscheint gelegentlich ein erschreckend realitätsfernes Abstraktionsniveau bei der Behandlung solcher Probleme. Wir sollten uns erinnern, daß die Gesellschaft sich aus jedem einzelnen von uns konstituiert, zu Unrecht ist sie zu einem förmlich hypostasierten Begriff geworden. Das Problem erschreckt uns durch seine

Großräumigkeit und seine eisige Kälte: aber es hat einmal im sozialen Nahraum begonnen, und so sollte auch die psychologische Prophylaxe hier zunächst ansetzen. Immunmachen gegen geistige Verführung, die in einer spezifischen Form der Engstirnigkeit, Dummheit und Brutalität endet: das ist ein Prozeß, der sich aus vielen Einzelprozessen zusammensetzt. Er kann nur geleistet werden durch die Anstrengungen eines jeden von uns in seinem Bereich. Dazu gehört der ständige humanisierte Dialog, dazu gehört die Vermittlung erlebter Erfahrung, die nicht möglich ist ohne die ausdrückliche Aufwertung eines vernünftigen Begriffes von Autorität. Denn ohne die Anerkennung begründeter Kompetenz gibt es keine differenzierte Orientierung und ohne eine solche gibt es wiederum keine unaggressive Verhaltenssicherheit, die den einzelnen gleichermaßen kritisch wie entscheidungsfähig macht.

Psychologische Voraussetzungen des Terrorismus

von Christa Meves

Der Terrorismus, wie wir ihn zur Zeit in der Bundesrepublik Deutschland erleben, läßt sich nicht als ein isoliertes Phänomen, läßt sich auch nicht als ein Problem der Politologie, der Soziologie, der Pädagogik oder der Psychologie allein betrachten. Er ist vielmehr folgerichtige Konsequenz, Summation eines ganzen Bündels von Summanden, die zusammenwirkten, um ihm zur Manifestation zu verhelfen. Es gibt nicht die spezifische seelische Krankheit „Terrorismus", genausowenig wie z. B. die Erscheinung Lymphknotenschwellung eine eigenständige Krankheit mit einer speziellen Ursache ist. Hier wie dort handelt es sich um ein Symptom, das auf dem Boden der Grundkrankheit, z. B. die Lymphknotenschwellung auf dem Boden eines Krebses, gesehen werden muß, der sie verursacht hat.

Der „Krebs", der neben zahllosen anderen Manifestationen z. Z. auch den Terrorismus in Erscheinung treten läßt, war, schleichend in der jungen Generation jenseits des 2. Weltkrieges wuchernd, für den aufmerksamen Beboachter, der sich in den vergangenen 20 Jahren mit psychischen Fehlentwicklungen junger Menschen von Beruf her befaßte, diagnostizierbar – längst bevor er schließlich auch als Terrorismus sichtbar wurde. Von 1960 ab konnte man für die Mitte der siebziger Jahre die beträchtliche Zunahme von Diebstahls- und Raubkriminalität, Suchterkrankungen und Suicidneigung als Symptome einer unerkannten Grundkrankheit voraussagen, ab 1968 auch die Wahrscheinlichkeit des Auftretens von gewaltsamen Gesellschaftsveränderern als eine spezielle Manifestationsform durch das Hinzutreten weiterer exogener Gegebenheiten diagnostizieren[1].

[1] Ich habe Prognosen dieser Art in den sechziger Jahren bewußt publiziert in der Hoffnung, auf diese Weise vielleicht doch noch rechtzeitig Einsicht in eine gefährliche Volkskrankheit und ihre Bekämpfung möglich zu machen (vgl. *Meves* 1967, 1; 1969, 2; 1971, 3).

Diese Grundkrankheit, die verschiedene, exogen zeitabhängige und situationsbedingte Einzelsymptome hervorbringt, besteht darin, daß im Gegensatz zu früheren Zeiten eine immer größer werdende Zahl von jungen Menschen immer schwerer neurotisch erkrankt.

Kernneurosen, so wissen wir seit *Freud* (vgl. Freud 1971, 4), und jeder Praktiker kann die Wahrheit dieser Aussage bei gründlicher Anamnesenerhebung seiner Patienten nachprüfen, entstehen in den ersten fünf Lebensjahren des Menschen. Sie werden in Primordialsymptomen bereits als unmittelbare Folge der Schädigung, für den Laien aber meist erst beim Eintritt ins Erwachsenenalter als Charakterschwierigkeit verschiedenster Art sichtbar. Sichtbar oder unsichtbar sind alle Neurotiker durch eine die konstruktive Lebensgestaltung behindernde hartnäckige generelle *Opposition* gekennzeichnet.

Einen – so lange man registriert – ziemlich gleichbleibenden Anteil von Menschen, die an Kernneurosen erkranken, hat es immer gegeben. Ob sie sich manifestieren oder latent bleiben, hängt weitgehend von den Zeitumständen ab. Die Ausformung der einen oder der anderen neurotischen Charakterstruktur ist vom Erziehungsstil der jeweiligen Gesellschaft abhängig. Generell entstehen schwere Kernneurosen, wenn biologische Grundbedürfnisse nach Nahrung, Bindung, Geborgenheit, Sexualität und Selbstbehauptung unzureichend oder unangemessen befriedigt werden. Die Kindergeneration des Kriegsendes, der Nachkriegszeit, aber noch viel mehr die in die Aufbauzeit und die Wirtschaftswunderphase hineingeboren wurden, wurden in immer größer werdender Zahl zu Neurotikern, weil im konstant werdenden Leben immer weniger Kinder um den Erwerb einer Kernneurose herumkamen. Wo aber seelische Fehlentwicklung zum Krebsgeschwür Volkskrankheit wird, schießen negative Sozialindikatoren der verschiedensten Manifestationsformen aus dem Boden, wenn die in der Kindheit Beschädigten erwachsen geworden sind (vgl. *Meves* 1977, 5).

Meine langjährige Erfahrung als Gerichtsgutachter, meine Untersuchungen junger Krimineller haben mich lehren können: In den seltensten Fällen ist z. B. der destruktive Rechtsbruch lediglich die Folge exogener Bedingungen, kaum einmal einmalige Fehlhandlung, ja auch selten nur die Folge einer Verführung, einer schicksalhaften, nicht weiter ableitbaren Fehlbeeinflussung; im Gegenteil: bei genauer, gründlicher Untersuchung zeigt sich, daß die Tat die Manifestation endogener Bereitschaften darstellt, die auf vielen und unterschiedlichen Faktoren des jeweiligen Kriminellen aufbauend eine lange Vorgeschichte hat (vgl. *Meves* 1971, 6). Es ist deshalb auch unwahrscheinlich, daß die terroristische Mordtat für den einzelnen jungen Menschen ein Geschick ist, das ihn per Zufall trifft. Es ist vielmehr anzunehmen, daß auch hier das destruktive Tun am Ende einer langen Entwicklung steht, in der verschiedene endogene und exogene Bedingungen eine Rolle spielen.

Die Möglichkeit, einen wehrlosen Menschen auf der Straße (wie *Buback*) oder nach sechswöchiger Marter durch Genickschuß im Wald (wie *Schleyer*) oder von Angesicht zu Angesicht in seinem Haus (wie *Ponto*) totzuschießen, diese Fähigkeit hat der Mensch nicht so ohne weiteres. Er besitzt natürlicherweise eine gesunde Tötungshemmung, die ihn hindert, einem Artgenossen das Leben zu nehmen. Sie muß immer erst überwunden werden, wenn er es dennoch tut. Das kann geschehen, wenn er sich oder das Leben seiner Umwelt als bedroht erlebt – deshalb wird Notwehr mit Recht nicht bestraft – oder wenn Existenzangst, Neid, Machtgier, Haß oder auch eine suggerierte, de facto gar nicht vorhandene Not seine Aggressivität mobilisiert und die Tötungshemmung ausschaltet.

Ein gewisses Maß an Aggressionsbereitschaft ist in jedem Menschen vorhanden. Sie ist ein Teilbereich seines Selbstbehauptungstriebes und ist in jedem einigermaßen seelisch gesunden Menschen zum Zweck der Lebensverteidigung, Selbstbehauptung und Ichentwicklung aktivierbar. Die Reizschwelle der Aktivierbarkeit ist freilich von Individuum zu Individuum sehr unterschiedlich. Ist sie so niedrig, daß schon geringfügigster Anlaß als Lebensbedrohung erlebt wird und mit Frontalangriff beantwortet wird, fällt gar der Anlaß total aus und ist der Mensch nicht in der Lage, durch Realitätskontrolle sein Verhalten zu revidieren, seine Aggressionsbereitschaft zu steuern, so ist es berechtigt, von einer krankhaft gesteigerten, die Willensfreiheit einschränkenden Aggressivität zu sprechen (vgl. *Meves* 1969, 7; *Meves/Illies* 1975, 8).

Eine solche geminderte Realitätskontrolle wird von Fachleuten einhellig als ein wesentliches Charakteristikum terroristischer Aktivität angesehen (vgl. *Geisler* 1978, 9). Imaginäre, paranoide Aggressivität hat aber eben generell in den seltensten Fällen ihre Ursache in Erlebnissen des Erwachsenenalters allein. In den meisten Fällen einer gleichsinnigen Symptomatik zeigt sich vielmehr, daß gestaute Aggressivität vorhanden ist, die den so gestimmten Menschen per Projektion generell streit*süchtig* macht und nach Angriffszielen auf die Suche gehen läßt. Es darf angenommen werden, daß eine solche psychische Gestimmtheit mehr oder weniger bewußt, mehr oder weniger sichtbar in denjenigen jungen Menschen vorhanden ist, die später zu Terroristen werden. Gestaute Aggressivität aber ist ein typisches Kennzeichen frühkindlicher Gehemmtheiten, die einst unter mächtiger Realangst entstand – in einem Alter, in dem es dem Kind noch nicht möglich ist, sich angesichts einer Gefahr mit Hilfe seiner automatisch aktivierten Aggression zu verteidigen. Die Vorstellung einer übermächtigen, omnipotenten Großmacht, der der kleine Einzelne ohnmächtig gegenübersteht, gehört regelmäßig zum Formkreis von unrealistischer Aggressivität im Erwachsenenalter, die auf dem Boden alter Kinderängste entstand. Gestimmtheiten dieser Art nehmen heute bei immer mehr jungen Menschen zu, obgleich ihnen objektiv ein erheblich viel größerer Verhaltensspielraum zur Verfügung steht als den Menschen in früheren Zeiten, die wesentlich abhängiger waren, sich dabei aber häufig dennoch freier fühlten. Diese Diskrepanz hat ihre Ursache eben darin, daß alte Ängste, alte Aggressionen im Erwachsenenalter irreal auf eine Situation projiziert werden, die die Berechtigung zu einer Stimmung einer gefährlichen Repression keineswegs in dem Maß hat, wie sie subjektiv erlebt wird. Das ist ein neurotischer Mechanismus, der immer dann sichtbar wird, wenn Kleinkindern ihre natürlichen Bedürfnisse unzureichend erfüllt werden. Das ist aber heute im immer künstlicher werdenden Leben bei immer mehr Kindern der Fall. Vor allem die neurotische Depression und die neurotische Verwahrlosung sind jene zur Volkskrankheit avancierten Neurosen, bei denen latente Ängste, manifeste Opposition und gestaute Aggressionsbereitschaft grundsätzlich in erheblichem Ausmaß vorhanden sind.

Es würde den Rahmen dieser Arbeit sprengen, die aggressionsaufladenden Einflüsse im Kindesalter ausführlich darzustellen (vgl. *Dührssen* 1954, 10). Jede gewaltsam einengende wie auch grob vernachlässigende Erziehungsform (wozu auch der extrem antiautoritäre Laissez-faire-Stil zu rechnen ist) gehört neben vielen anderen dazu. Die so entstehende latente Unzufriedenheit, das latent gesteigerte Aggressionspotential bei vielen jungen Menschen erhöht schließlich auch die Wahrscheinlichkeit, daß bei einigen von ihnen die Fehlentwicklung in eine exzessiv destruktive Form ausufert. Dazu sind freilich meist eine ganze Reihe weiterer negativer Vorgänge im Lebensschicksal nötig und bei den Terroristen einige zusätzliche exogene Faktoren unabdingbar, wenn schließlich *diese* spezifische Form von Kriminalität entstehen soll. Zunächst können die pathogenen Faktoren im Lebensschicksal noch lange sehr allgemeiner Natur sein und die verschiedensten Formen negativer Entwicklung zur Ausformung bringen. Es ist also sehr wahrscheinlich, daß der Terrorismus eine spezielle Variante neurotischer Fehlentwicklungen ist, wie sie heute in großer Zahl entstehen (vgl. *Meves* 1971, 11).

Damit bekommt das Symptom Terrorismus eine Signalfunktion von nicht unterschätzbarer Bedeutung, denn pathogene Entwicklungen dieser Art finden oft trotz vieler elterlicher Bereitschaft zu erzieherischer Verantwortung heute so häufig statt, daß sich daraus nicht nur das bereits erhebliche Sympathisantentum erklärt, sondern auch die Bereitschaft zu terroristischer Aktivität bei immer mehr jungen Menschen für die Zukunft voraussagen läßt. Wer den Terrorismus bekämpfen will, kommt um langfristig angelegte Programme zur kollektiven Neurosenprophylaxe nicht herum (vgl. *Meves* 1977, 5). Die Entwicklung zum Terroristen hat nach dieser Theorie also zwei Voraussetzungen:

1. Eine neurotische Fehlentwicklung durch die Kindheit hindurch, wie wir sie bei der Ausformung zur neurotischen Depression und zur neurotischen Verwahrlosung bei vielen Menschen heute zu sehen bekommen, und

2. eine Reihe sehr spezieller Umwelteinflüsse in der Pubertät und Adoleszenz, die eine auslösende Funktion haben.

Das Gesamt aller dieser Faktoren soll im folgenden abrißartig zusammengestellt werden.

1. Unnatürliche Pflegeformen des Kleinkindes, unzureichende Konstanz und zu geringe Möglichkeit der Bindung an einige wenige,

wohlwollende und geliebte Pflegepersonen, Unglück im Nestschicksal – zum Beispiel Scheidung oder Verlust der Eltern (auch unerkannte, mehr oder weniger gravierende Hirnschäden), verwöhnende oder brutale oder rigoros überfordernde Erziehung, lange Heim- und Krankenhausaufenthalte – behindern die Erfüllung der natürlichen Bedürfnisse des Kindes und lassen dadurch eine hinreichende Zahl von Geborgenheitserlebnissen ausfallen (vgl. *Meves* 1971, 12). Die Folge ist, daß das Kind schwierig wird, durch vieles Neinsagen auffällt. Die Teufelskreise von Strafe, Herabsetzung, Minderung des Selbstwertgefühls und „unpassenden" Reaktionsformen des Heranwachsenden setzen ein und vergiften sein Lebensklima. Seine Liebes- und Leistungsfähigkeit wird dezimiert. Aus Selbstverwerfung entsteht meist spätestens in der Pubertät Selbsthaß, zumindest ein Schwanken des Selbstwertgefühls zwischen den Polen „Wertlosigkeit und einsamer Größe" (vgl. *Henseler* 1974, 13). Die gestauten Aggressionen generalisieren sich. Die subjektiv als zurückweisend erlebte Welt läßt die Entfaltung von Liebes- und Bindungsfähigkeit nicht zu. Die generalisierte Feindseligkeit mindert die Aktivierung der die Aggressivität steuernde Gewissensfunktion, so daß die Reizschwelle für aggressive, andere schädigende Handlungen herabgesetzt wird. Die zu gering entwickelte Bindungsfähigkeit mindert also die Reizschwelle für aggressive Handlungen.

2. Der Lebensstil der Menschen in den Ländern mit hohem Lebensstandard und liberaler Demokratie verstärkt diese Gefahr, denn erfahrungsgemäß vermehren sich

a) Gefühle der Frustriertheit, wenn durch die Kindheit hindurch statt personaler Zuwendung materielle Ersatzbefriedigungen angeboten werden. Das Kind wird zum habgierigen Nimmersatt, weil seine echten Bedürfnisse nicht erfüllt werden. Der Neid als Charakterzug schleift sich ein; unter Umständen selbst dann, wenn die Kinder im Überfluß groß wurden. Diebische Haltungen sind ein unüberhörbares Signal des seelischen Mangelzustandes (vgl. *Meves* 1976, 19).

b) Die freiheitliche Lebensform hält die bereits in den frühen Jahren angestauten Aggressionen nicht bis ins Erwachsenenalter in der Latenz. Meist treten sie schon im Grundschulalter manifest hervor und bewirken frustrierende und damit neu aggressionserzeugende

Schwierigkeiten des Kindes mit seinen Schul- und Lebensgemeinschaften.

c) Die Forderung der permissiven Gesellschaft an den jungen Menschen, so rasch wie möglich selbständig zu sein und einen Platz zu behaupten, überfordert ihn. (Volljährigkeit mit achtzehn Jahren!) Er fühlt sich schutzlos, kompensiert seine Unsicherheit mit geltungssüchtigem Gebaren und entwickelt eine größenwahnsinnige Überschätzung seiner Machtmöglichkeit, ohne die Möglichkeit zu haben, sich konstruktiv mit den übergeordneten Instanzen zu identifizieren.

3. In der Pubertät und in der Adoleszenz beginnen sich die latent mit einer Kernneurose behafteten Menschen zu verschiedenartigen Manifestationen auszuformen. Um Terrorist zu werden, ist wohl meist ein gewisser Bildungs- und Intelligenzgrad nötig, muß man *geistig* beeinflußbar sein. Für unsere Terroristen erwies sich die Ideologie des Neides, der Neomarxismus, dafür als besonders geeignet. Er machte den Mißmutigen die Notwendigkeit gewaltsamer Gesellschaftsveränderung deutlich. Indoktrination dieser Art hat es in der Bundesrepublik Deutschland auf dem Boden der Frankfurter Schule in den letzten zehn Jahren auf Universitäten und Schulen reichlich gegeben. Und es darf nicht übersehen werden, daß der aggressive Akzent dieser Theorie ganz besonders von jenen Individuen wie eine befreiende Erleuchtung aufgenommen werden mußte, die latent eine ihnen selbst nicht erklärbare, aggressive Unzufriedenheit mit sich herumtrugen und durch sie bereits erhebliche Lebensschwierigkeiten gehabt hatten (vgl. *Meves* 1977, 15). Der Aufruf zur revolutionären, gewalttätigen Gesellschaftsveränderung führt gerade bei jenen zu einer psychischen Entlastung, die einer geistigen Rechtfertigung ihres subjektiven Unmuts dringend bedürftig sind. Wer mit Autoritäten in seinem Umkreis Schiffbruch erlitten hat, kann die Theorie, daß Autorität grundsätzlich Machtanmaßung sei, in der Tat wie Honig schlürfen. Daß diese Theorie der Notwendigkeit vorbildlicher Autoritäten nicht gerecht wird und sie statt dessen gefährlich dezimiert, dafür ist gerade der Terrorismus ein eklatantes Beispiel. Zu einer solchen Beeinflussungsmöglichkeit muß der künftige Terrorist aber in der Lage sein, d. h. er muß zumindest intellektuell ansprechbar sein. Die noch relative Seltenheit terroristischer Gewalttäter hat deshalb gewiß etwas mit der Gegebenheit zu tun, daß zumindest die Anführer Zugang zu einem Milieu haben müssen, in dem in-

tellektualistische Indoktrination stattfindet; kürzer ausgedrückt: Sie müssen es bis zu Gymnasiasten der Oberstufe oder bis zum Studenten gebracht haben. Das ist nicht selbstverständlich. Schwere Neurotiker der beschriebenen Art scheitern aufgrund ihrer negativistischen Opposition, ihrer Unruhe und ihrer fehlenden Durchhaltefähigkeit oft bereits in der Schule. Fehlentwicklung zu Süchten und Kriminalisierung sind deshalb die sehr viel häufigeren Manifestationsformen. Der studentische Terrorist – zumindest beim harten Kern der Baader-Bande – ist vermutlich sogar ein Hochintelligenter, dem es trotz seiner Behinderung ohne große Anstrengung gelang, den Berechtigungsschein Abitur zu erwerben. Daß Intelligenz die Gefahr von Realitätsverlust durch Neurose oder Psychose keineswegs mindert, oft eher geradezu erhöht, gehört zu den durchgängigen, wenn auch staunenswerten Erkenntnissen moderner Psychopathologie (vgl. *Bohm* 1951, 16).

4. Die Bandenbildung ermöglicht gerade dem kontaktschwachen Menschen die langentbehrte Gemeinschaft. Der an seiner Bindungs- und Kontaktschwäche leidende einsame junge Mensch erlebt unversehens einen ihn kräftigenden Zusammenschluß vor allem durch die Planung und Aussicht auf Entladung seiner zur revolutionären Großtat umstilisierten Aggressivität. Das drängend unbefriedigte Bedürfnis nach Gemeinschaft und Zielsetzung findet eine gefährlich provozierte negative Realisierung (vgl. *Meves* 1971, 3).

In Zukunft mögen weitere Faktoren die Gefahren zusätzlich quantifizieren:

5. Die durch eine falsche Bildungsplanung und eine zerstörerische Gleichheitsideologie entstandene Situation, daß immer weniger junge Menschen zu der von ihnen angestrebten Ausbildung gelangen, verstärkt objektiv die Frustriertheit der Jugendlichen. Sie läßt sich als ein zugkräftiges Argument zur Begründung gewaltsamer Gesellschaftsveränderung benutzen. Objektiv Frustrierte, die vorher bereits subjektiv Unzufriedene waren, werden sich in Zukunft als besonders anfällig für terroristische Aktivität erweisen. Eine Zielrichtung dieser Art blockiert die geistig-seelische Ausreifung zu einem nüchternen Realitätsverständnis und erhöht die Gefahr destruktiver Aktionen. Das Zuviel an unkonstruktiver Freizeit, das

durch Arbeitslosigkeit und Warten auf den Arbeitsplatz entsteht, bereitet ebenfalls den Boden für kriminelle Gemeinschaftstaten vor (vgl. *Meves* 1977, 17).

6. Die Neurotisierung in den ersten Lebensjahren wirkt sich auf junge Mädchen in jenen Fällen zusätzlich kriminalisierend aus, in denen sie gegen ihre eigentliche Begabung in einseitig vermännlichende Bildungsgänge und sexualisierte Lebensweisen hineingenötigt werden. Die einseitig vermännlichende „Selbstverwirklichung" der Frau muß Unzufriedenheit potenzieren, weil sie für viele eine zusätzliche Abdressur vorgegebener Bedürfnisse darstellt. Diese Gegebenheit bewirkt erstmalig in der Geschichte, daß vornehmlich einige junge, intellektualisierte Frauen zu Terroristinnen werden (vgl. *Meves* 1971, 3).

Die massive Indoktrination (z. Z. mit Neomarxismus) bildet also zusätzlich für labile Intellektuelle geradezu den Schlüssel, der ihnen die Tür zu einem scheinbaren Verstehen ihrer Situation und ihrer seelischen Gestimmtheit aufschließt. Dieses Evidenzerlebnis hindert die ohnehin meist schon seit der frühen Kindheit herabgesetzte Realitätskontrolle. Die Vorstellung eines Feindes, der ihre Leiden verursacht, gibt ihnen sowohl ihr Lebensrecht zurück, wie sie ihre Aggressivität sanktioniert: Das Pathos, die Gesellschaft von einem imaginären Tyrannen befreien zu müssen, sowie die gleichsinnige Bereitschaft aller Bandenmitglieder zum baldigen Kampf entlastet zudem evtl. vorhandene Schuldgefühle. Ist diese Verbindung von endogenen Bereitschaften und exogener Infiltration erst einmal im einzelnen Menschen zustande gekommen, so ist es wohl kaum noch möglich, die Fehlvorstellung, die Bundesrepublik für eine latent gewalttätige, totalitaristische Gesellschaft zu halten, zu revidieren und dies als eine Wahnvorstellung zu entlarven. Die Not des Wunsches wird dann so drängend wie die Fata Morgana einer Oase für den in der Wüste Verdurstenden: Die böse Gesellschaft *muß* einfach die Quelle des subjektiven Unglücks sein. Und der kriminelle Zusammenschluß und ihr brutaler Kodex lassen dann auch für späte Einsicht keinen Spielraum mehr. Der Weg zurück ist ausgeschlossen. Ohne die Bande kann es keinerlei Realität mehr geben; sie ist irreversibel verloren. Deshalb wird die Freipressung der gefangenen Mitglieder zur einzigen lebenserhaltenden Chance. Besteht darauf keine Hoffnung mehr für die Bandenhäuptlinge, wie nach Mogadischu, so wird die Artung der seelischen Erkrankung unverstellt sichtbar: die aggressionsgeladene, rachsüchtige Depression, deren letztes Stadium Selbstmord heißt.

Identitätskrise und Terrorismus – Sozialpsychologische Aspekte personaler Wesensmerkmale des Terrorismus

von Ludger Veelken

Die Ursachen des Terrorismus bilden einen Komplex von Erscheinungen, der in seiner Gesamtheit nur sehr schwer faßbar ist und der seit einiger Zeit von verschiedensten Positionen aus bearbeitet wird. Dabei wird die Frage nach den Motiven des Terroristen immer wieder gestellt, wobei die Antworten sehr unterschiedlich ausfallen. Es wäre ein hoffnungsloser Versuch, eine umfassende Theorie des Terrorismus beim derzeitigen Stand der Diskussion liefern zu wollen. Denn es gibt nicht *den* Terrorismus, wohl aber eine Vielfalt von Formen terroristischen Verhaltens, die sich in den verschiedenen Ländern je verschieden ausprägen. Auch gibt es nicht *den* Terroristen, wohl mögliche Unterscheidungsmerkmale verschiedener terroristischer Gruppen. So gliedert etwa *I. Fetscher* drei verschiedene Ursprungsgruppierungen: 1. engagierte kritische Intellektuelle, die für eine Veränderung der Gesellschaft eintraten, aber „über die begrenzte Wirksamkeit ihres Tuns und über die frustrierende Langsamkeit aller Reformen verzweifelt, auf den schlechthin sinnlosen Ausweg des bewaffneten Kampfes verfielen". 2. Jugendliche aus der Drogenszene, „Ausgeflippte", „die im politischen Aktionismus auch ein Mittel gefunden zu haben glauben, um ihre Gefühle demonstrativ zu artikulieren, um rauschhaft die eigene Stärke zu erleben". 3. Eine Gruppe, die sich vollends auf geheime Gewalttätigkeit eingestellt hat und jeden Kontakt zur Umwelt abgeschnitten hat. „Es handelt sich um eine entschlossene ‚Elite', für die Terrorakte inzwischen offenbar beinahe zum Selbstzweck geworden sind" (*Fetscher* 1977, 25 ff.).

Im Rahmen einer Sammlung von Skizzen zu Ursachen des Terrorismus versteht sich der vorliegende Beitrag als die Darstellung sozialpsychologischer Aspekte personaler Wesensmerkmale des Terrorismus, wobei die Ergebnisse der Identitätstheorie zugrunde gelegt werden. Dieser Darstellung liegt die Hypothese zugrunde, daß eine der möglichen Ursachen des Terrorismus in den Phänomenen der Identitätskrise Jugendlicher zu suchen ist.

Der Begriff „Identität" rückt immer mehr in den Mittelpunkt menschlichen Interesses in unserer Zeit. Fragen wie: „Wer bin ich?", „Was soll ich in diesem Leben;", „Wem bedeute ich etwas und wer bedeutet mir etwas?", „Mit wem stehe ich in Begegnung und Beziehung?" werden zu Kernfragen, die immer mehr Menschen beschäftigen. Selbstfindung, Selbstverwirklichung, Ich-Bewußtsein, Authentizität, Identität und deren Gegenteile, Selbstverlust, Nicht-Authentizität, Identitätsverwirrung, bilden Begriffe, mit denen menschliches Verhalten beschrieben und erklärt wird. „Das Studium der Identität wird daher in unserer Zeit zu einer genauso strategischen Frage, wie es das Studium der Sexualität zu Freuds Zeiten war" (*Erikson* 1971, 278).

Eine gelungene Entfaltung der Identität ist dabei gebunden an drei Faktoren:

– die sinnvolle Abfolge der Entwicklungsschübe menschlicher Persönlichkeitsentfaltung (Phasenstruktur der Identität);
– die Identitätsbalance zwischen sozialer und persönlicher Identität (Binnenstruktur der Identität);
– das Zusprechen der Identität in einer Gruppe, die als Lebensraum, als „ökologische Nische" erlebt wird (Gruppenstruktur). Entsprechend ergeben sich die Grundlagen einer Identitätskrise aus:
– dem Nichtgelingen der Lebensaufgaben in den Phasen des menschlichen Lebenslaufs;
– aus Situationen und Haltungen von Entfremdung und Egozentrik, die nicht durch Rollendistanz und Ich-Distanz modifiziert und abgeändert werden, um Identität in Form der Identitätsbalance zuzulassen;
– aus der Existenz in einer Gruppe, die als totale Institution die Identitätsentfaltung verhindert.

Diese Grundhypothesen der Identitätstheorie sollen im folgenden ausgeführt, an Beispielen erläutert und in Beziehung zu terroristischem Verhalten gesetzt werden. In einem letzten Teil sollen einige

Hinweise auf vorbeugende Tätigkeiten zur Verhinderung der Ursachen der Identitätskrise im Jugendalter und damit auch zur langfristigen Bekämpfung des Terrorismus gegeben werden.

1. Die Entfaltung der Identität

a) *Identitätsentfaltung ist gebunden an die sinnvolle Abfolge der Entwicklungsschübe menschlicher Persönlichkeitsentwicklung:* Der menschliche Lebenslauf ist ein dynamischer Vorgang, der nicht gradlinig und kontinuierlich verläuft, sondern sich entwickelt in Entwicklungsschüben, in Brüchen. Auch Identität ist nicht eine feststehende Größe, die jemand besitzen und nicht wieder verlieren kann, sondern Identitätsentfaltung ist ein Prozeß, der in Schüben, sozusagen von einer Entscheidung und Krise zur nächsten, verläuft. Es ist das Verdienst des amerikanischen Psychoanalytikers und Sozialpsychologen *Erik H. Erikson,* diesen Vorgang näher beschrieben zu haben. Erikson unterscheidet acht Phasen des menschlichen Lebenslaufs, wobei jeder Phase sozusagen eine phasenspezifische Aufgabe zugeteilt wird, die gelingen oder mißlingen kann. „Der Mensch kommt demnach unvermeidlich, wenn er sich entwickelt, gleichsam an acht Kreuzwege. Und jedesmal muß der rechte Weg eingeschlagen, muß jede Entscheidungskrise für sich gelöst werden, sollen nicht psychotische oder neurotische Fehlhaltungen die Folge sein" (*Schreiber* 1977, 129). Der Lebensstil, die Biographie des Menschen, ergibt sich aus der je eigenen Lösung dieser Entscheidungskrisen. Denn die Abfolge der Phasen ist gleichsam in einem Grundplan festgelegt (epigenetisches Prinzip), doch ist die konkrete Ausgestaltung abhängig von den jeweiligen Umwelteinflüssen. In folgenden Begriffen faßt Erikson die Identitätsentfaltung zusammen: Urvertrauen und Hoffnung, Autonomie und Wille, Initiative und Zielstrebigkeit, Leistung und Tüchtigkeit, Identität und Treue, Intimität und Liebe, Generativität (schöpferische Kreativität) und Sorge, Integrität und Weisheit (vgl. dazu Abb. 1).

In unserem Zusammenhang sollen die für die Jugendzeit bedeutsamen Phasen kurz näher erläutert werden.

Wo immer bei einem Bauplatz ein Sandhaufen angefahren wird, wimmelt es spätestens am Nachmittag von Kindern, die dort spielen, kämpfen, wetteifern, wer der Tüchtigste von ihnen ist. Kinder haben

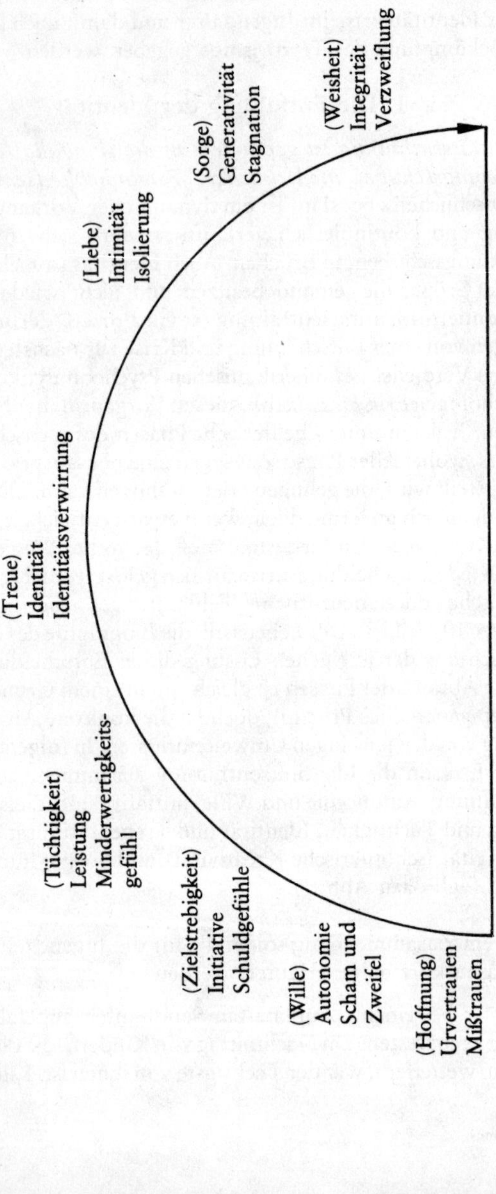

Abb. 1. Identitätsentfaltung und Identitätskrisen im Lebenslauf;
n. *E. H. Erikson* (vgl. Erikson 1973)

in diesem Alter ein gesteigertes Interesse an der Welt, an der Entdeckung neuer Möglichkeiten. Sie entdecken den Reiz, mit anderen zusammen in ihren Spielgruppen etwas zu erleben. Sie wollen eine Bastelaufgabe, eine sportliche Pflicht gut ausführen und erleben in der Anerkennung durch andere ein Gefühl der Tüchtigkeit, das sie in diesem Alter zur Selbstfindung brauchen. Durch die Meisterung des Spiels kommt es zur Meisterung der damit verbundenen Konflikte und Probleme und so zur Entwicklung von Selbstgefühl.

Der Jugendliche, der kein „Spielkind" mehr sein will, weiß eigentlich gar nicht so recht, wer er ist. In endlosen Gesprächen und Selbstbespiegelungen versucht er herauszufinden, wer er sein könnte, wer ihm etwas bedeutet und wem er etwas bedeutet – Erikson umschreibt dieses Bedürfnis mit dem Begriff „Treue" (*Erikson* 1971 (a), 108) – und wo er seinen Platz im Leben finden könnte. Diese Phase wird von Erikson als „psychosoziales Moratorium" bezeichnet. „Ein Moratorium ist eine Aufschubperiode, die jemandem zugebilligt wird, der noch nicht bereit ist, eine Verpflichtung zu übernehmen, oder die jemandem aufgezwungen wird, der sich selbst Zeit zubilligen sollte" (*Erikson* 1970, 161). Diese Zeit kann verlaufen als Zeit der Wanderschaft, des Studiums, des Ausflippens, als eine Zeit auf der Suche nach einer Vision, sie kann aber auch eine Zeit der Kriminalität und des Patientseins werden, wenn die Aufgabe der Identitätsentfaltung sich zu sehr verzögert. Denn Identitätsfindung ist speziell die Aufgabe dieses Lebensabschnitts. Identität bedeutet, sich im eigenen Körper zu Hause zu fühlen, sich deutlich zu machen, daß man zwischen vielen Möglichkeiten, die das Leben bietet, die einzige, auf einen selbst zugeschnittene Möglichkeit auszuwählen und zu suchen hat. Diese Aufgabe betrifft zunächst die Berufswahl. Identität bedeutet aber auch, daß man die gefundene Einheit in den Augen der Menschen, auf die es einem jetzt ankommt, wiederfindet und wiedererkennt. Das Gefühl der Identität wird zur gesammelten Zuversicht, daß der eigenen Gleichheit und Kontinuität auch die Gleichheit und Kontinuität in den Augen anderer entspricht. Identität wird da sichtbar, wo jemand beginnt, sich entschlossen einer Sache zu widmen und zu verschreiben, wobei die Grenzen „zwischen bloßem Spiel und ganz ernster Realität, zwischen unverbindlichen Streichen und unumkehrbaren Taten, zwischen kühnem Anspruch und schließlicher Verpflichtung" noch fließend sein können (*Erikson* 1977, 212). Die meisten Jugendlichen entwickeln Identität in ihren eigenen Cliquen und Gruppen, den peer-groups.

Irgendwann bilden sich in diesen Freundschaftsgruppen die ersten „Pärchen". Der Jugendliche, der sich auf dem für ihn passenden Weg erfährt, sich als in gewisser Weise abgerundet erlebt, steht vor der Aufgabe, gerade diese Stärke wieder zu riskieren durch emotionale und sexuelle Intimität mit einem geliebten Partner, was mit Opfer, Kompromiß, Einlenken und Anerkennen des anderen verbunden ist. Vieles vom jugendlichen Sexualleben dient auch jetzt noch der eigenen Ichfindung. Der Sinn dieser Beziehungen ist es, Erfahrungen mit anderen zu sammeln, experimentieren zu lernen. Erst wenn ein sicheres Gefühl der eigenen Identität gefunden ist, wird echte Intimität möglich. Unter der „Utopie der Genitalität" versteht Erikson:

„1. Wechselseitigkeit des Orgasmus
2. mit einem geliebten Partner
3. des anderen Geschlechts
4. mit dem man wechselseitiges Vertrauen teilen will und kann,
5. und mit dem man imstande und willens ist, die Lebenskreise der
   a) Arbeit
   b) Zeugung
   c) Erholung
   in Einklang zu bringen, um
6. der Nachkommenschaft ebenfalls alle Stadien einer befriedigenden Entwicklung zu sichern" (*Erikson* 1971, 260).

Erst wer ein Gespür, einen Geschmack, ein Gefühl von Intimität, Liebe und Leidenschaft bekommen hat, wird als Erwachsener schöpferische Kreativität und Sorge für andere entwickeln können und im Alter nicht ein Bild der Verzweiflung bieten, sondern als Mensch erscheinen, von dem ein Hauch von Weisheit ausgeht.

b) Die Entfaltung der Identität ist gebunden an die Entwicklung der Identitätsbalance zwischen sozialer und persönlicher Identität. Denn Identität setzt sich zusammen und entwickelt sich aus zwei Dimensionen, aus der Übernahme der Erwartungen, Haltungen, der anderen, der Umwelt, aus zugewiesenen Rollen – der sozialen Identität – und aus der je eigenen und neuen Reaktion darauf aufgrund eigener Bedürfnisse, Wünsche, Gefühle – der persönlichen Identität –. Erst wenn beide Dimensionen zusammenfallen, in der Verschmel-

zung (*Mead* 1973) von sozialer und persönlicher Identität, in der Identitätsbalance (*Krappmann* 1973) entwickelt sich die Identität (vgl. dazu Abb. 2).
Das Kind bekommt das Gefühl von Tüchtigkeit erst, wenn es die Erwartungen der Spielkameraden erkennen kann, sie erfüllt und dafür Anerkennung bekommt und wenn diese Anerkennung einer Leistung entspricht, an der es selbst Spaß hat. Der amerikanische Sozialpsychologe *G. H. Mead* verdeutlicht das am Beispiel des Kindes beim Baseballspiel: „Macht es beim Baseball einen bestimmten Wurf, so muß es die Reaktion jeder betroffenen Position in seiner eigenen Position angelegt haben. Es muß wissen, was alle anderen tun werden, um sein eigenes Spiel erfolgreich spielen zu können. Es muß alle diese Rollen einnehmen. Sie müssen zwar nicht alle gleichzeitig im Bewußtsein präsent sein, doch muß es zu gewissen Zeitpunkten drei oder vier verschiedene Spieler in der eigenen Haltung präsent haben, beispielsweise den Werfer, den Fänger usw. Diese Reaktionen müssen in gewissem Ausmaß in der eigenen Haltung präsent sein. Im Wettspiel gibt es also Reaktionen der anderen, die so organisiert sind, daß die Haltung des einen Spielers die passende Haltung des anderen auslöst" (*Mead* 1973, 193).

Der Jugendliche wird erst dann das Gefühl von Identität bekommen, wenn die Erwartungen derjenigen, auf die es ihm ankommt – die Mitglieder seiner Clique, die Freunde, vielleicht noch die Eltern oder Geschwister –, sich decken mit seinen eigenen Bedürfnissen und Interessen. Man wird sich erst dann in einem Beruf wohlfühlen, wenn das, was man zu tun hat, dem entspricht, was man gern tut, wovon man lange geträumt hat, wenn Arbeit zur Selbstverwirklichung geworden ist.

Eine Beziehung, Partnerschaft, Ehe wird erst dann der Identitätsentfaltung dienen, wenn die Erwartungen, Wünsche, Gefühle, Vorstellungen des Partners berücksichtigt werden und man auf sie in einer Weise reagieren kann, bei der die eigenen Gefühle, Ängste, Leidenschaften nicht unterdrückt zu werden brauchen.

Das aber setzt voraus, daß der Mensch in Spielgruppen, Cliquen, Beziehungen lebt, die ihm diese Identitätsbalance ermöglichen.

c) *Identitätsentfaltung ist gebunden an das Zusprechen der Identität in einer Gruppe, die als Lebensraum, als „ökologische Nische"*

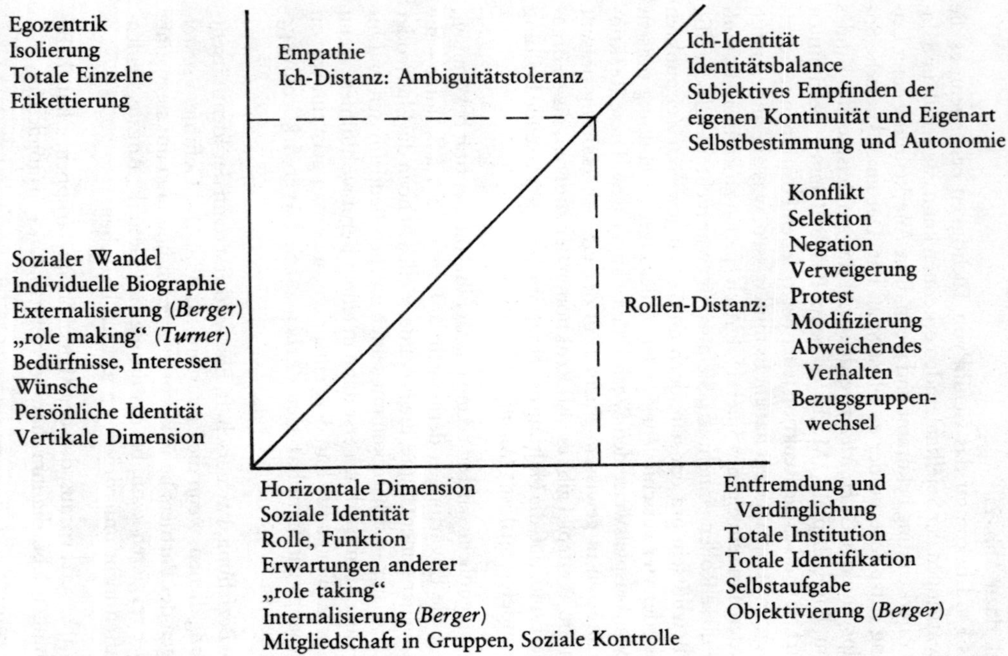

Abb. 2. Das Modell der Binnenstruktur der Identität
Entnommen: *L. Veelken,* Einführung in die Identitätstherapie. Vorschläge für die Praxis identitätsent-

erlebt wird. Das Kind kann sich noch so viel selbst loben, ein Gefühl von Leistung wird es erst bekommen, wenn andere ihm sagen: „Du bist wirklich tüchtig!“ Der Jugendliche bekommt das Gefühl eigener Bedeutung und Identität erst, wenn die Mitglieder seiner Clique etwa ihm sagen: „Du bedeutest uns etwas!“, und wenn das Menschen sind, an denen ihm etwas liegt, die ihm selbst etwas bedeuten. Das Gefühl von Intimität und Liebe entwickelt sich erst dann, wenn jemand zuspricht: „Ich hab dich lieb!“, und wenn dieser Jemand ein Mensch ist, den man selbst gern hat.

In solchen Gruppen, in denen ein dialektisches Miteinander von Eigenbedürfnissen und Gruppeninteressen, Normen, gegeben ist, entsteht dann so etwas wie „Heimat“, Lebensraum. Sie bilden gleichsam die „ökologischen Nischen“, auf die der Mensch wie jedes Tier angewiesen ist. *Mead* nennt diese Gruppen, in denen soziale und persönliche Identität sich darstellen können, bei denen die bei anderen hervorgerufenen Reaktionen mit der eigenen Reaktion identisch geworden sind, Gruppen der universalen Nachbarschaft. „In der Konstellation der universalen Nachbarschaft treten bestimmte Haltungen der Güte und Hilfsbereitschaft auf, bei denen die Reaktion des einen im anderen und in ihm selbst die gleiche Haltung auslöst. Daraus ergibt sich die Verschmelzung von „I“ – persönlicher Identität (d. Verf.) – und „me“ – sozialer Identität –, die zu äußerst intensiven emotionellen Erfahrungen führt. ... Das halten wir für den Sinn des Lebens – und erfahren dabei das Hochgefühl einer religiösen Haltung. Wir kommen zu einer Haltung, in der alle mit allen insoweit vereint sind, als sie der gleichen Gemeinschaft angehören“ (*Mead* 1973, 321).

Eine Störung der Identitätsentfaltung, eine Identitätskrise, ergibt sich aus Störungen der Entwicklung, wie sie an Hand der Modelle von Phasenstruktur, Binnenstruktur und Gruppenstruktur der Identitätsentfaltung beschrieben wurde. Diese Störungen können Ursache für kriminelles und terroristisches Verhalten werden, wie im folgenden erläutert werden soll.

2. Störungen der Identitätsentfaltung und Identitätskrisen

a) Eine Identitätskrise ergibt sich aus dem Nichtgelingen der Lebensaufgaben in den Phasen des menschlichen Lebenslaufs. Die Abfolge dieser Störungen lautet nach Erikson: Mißtrauen – Scham und Zweifel – Schuldgefühle – Minderwertigkeitsgefühl – Identitätsverwirrung – Isolierung – Stagnation – Verzweiflung (vgl. *Erikson* 1971, 1973).

Als mögliche Ursachen terroristischen Verhaltens interessieren in unserem Zusammenhang vor allem: Minderwertigkeitsgefühl, Identitätsverwirrung, Isolierung.

Minderwertigkeitsgefühl
Ein kleines Kind, das aus Angst vor Fußbällen beim Ballspiel jede Woche von neuem von seinen Klassenkameraden ausgelacht wird, ein Junge, der wegen seiner Angst vor Geländespielen gehänselt wird, ein Mädchen, das auf Grund seines Aussehens mit Schimpfnamen aus der Gruppe der „Freundinnen" ausgeschlossen wird, erlebt nicht das Gefühl von Tüchtigkeit, sondern es bildet sich bei ihm ein tief sitzendes Minderwertigkeitsgefühl heraus. Wenn ein Kind keine Anerkennung von seiten Gleichaltriger oder Erwachsener bekommt, kann von einem Mißlingen der Entwicklungsphase gesprochen werden, da kein Gefühl von Identität sich entwickelt. *A. Adler* hat darauf hingewiesen, daß solch ein gesteigertes Minderwertigkeitsgefühl, das begleitet wird von mangelnder Fähigkeit zur Mitarbeit und Mitmenschlichkeit, in einen Überlegenheitskomplex umschlagen kann, „der immer außerhalb des Gemeinschaftsgefühls auf den Schein einer persönlichen Überlegenheit hinzielt" (*Adler* 1974, 37). Indem man anderen ein Gefühl der Überlegenheit vorgaukelt oder aufzwingt, versucht man, den eigenen Minderwertigkeitskomplex zu verdecken. Jugendliche mit mehr passivem Lebensstil – „wie faule, indolente, gehorsame aber abhängige, schüchterne, ängstliche, lügenhafte" (*Adler* 1974, 86) Kinder – werden mehr zu Formen von Neurosen und Süchtigkeit neigen, während bei Kindern mit mehr aktivem Lebensstil – „herrschsüchtige, ungeduldige, aufgeregte und zu Affekten neigende, störende, grausame, prahlerische, diebische, sexuell leicht erregte" (ebd.) Kinder – hier die Ursachen für späteren Selbstmord, als zerstörerischer Aktivität gegen sich selbst, und Verbrechen, als zerstörerischer Aktivität gegen andere, möglicherweise zu suchen sind. „Die Empfindung der Feindseligkeit des Lebens bleibt bei dieser stets sofort Befriedigung verlangenden, als berechtigt gefühlten Erwartung nicht aus. Dazu kommt, daß diese Stimmung sich eng mit dem Gefühl des Beraubtseins verbün-

det, wodurch Neid, Eifersucht, Habgier und ein Streben nach Überwältigung des gewählten Opfers dauernd und in hohem Grade wach bleiben. Da das Streben nach nützlicher Entwicklung im mangelnden Gemeinschaftsgefühl zurückbleibt, die starken Erwartungen, genährt durch den Überlegenheitstaumel, unerfüllt bleiben, sind Affektsteigerungen oft der Anlaß zu Angriffen auf andere" (*Adler* 1974, 90).

Identitätsverwirrung

Mit Beginn der Pubertät, dem veränderten Körperwachstum, der Entwicklung der Sexualorgane, der Berufsvorentscheidung, endet die Phase der Kindheit. Der Zeit relativer Ruhe folgt eine Zeit der Unrast, in der der Jugendliche oft selbst nicht weiß, was er eigentlich soll und wer er ist. Dieser Zustand der Verwirrung gehört gleichsam als normal zur Phase des psychosozialen Moratoriums dazu. Bei einer zu langen Herauszögerung der Identitätsentfaltung kann sich diese Verwirrung allerdings in Form der Identitätsverwirrung verhärten, die als Identitätskrise die Entfaltung der Identität verhindert oder erschwert. *Erikson* unterscheidet vier verschiedene Erscheinungsformen solcher Identitätsverwirrung und Rollendiffusion. „Ein Zustand akuter Identitätsverwirrung wird gewöhnlich in einem Zeitpunkt manifest, wo sich der junge Mensch einer Kombination von Erlebnissen ausgesetzt findet, die gleichzeitig seine Hingabe an körperliche Intimität (keineswegs immer nur eindeutig sexueller Art), an eine entscheidende Berufswahl, an energischen Wettstreit und an eine psychosoziale Selbstdefinition fordern" (*Erikson* 1970, 171).

Die Form einer latenten Identitätsverwirrung wird sichtbar in Schwierigkeiten, die der Jugendliche bei der Aufgabe des Einübens von Intimität und Liebe bekommt. Die Spannung zwischen dem Wunsch, sich auf sexuelle Intimität einzulassen, und der Angst, in diesem Verschmelzungsprozeß seine Identität wieder zu verlieren, wird nicht gelöst. Der Jugendliche beginnt, sich zu isolieren, oder er nimmt nur sehr formale zwischenmenschliche Beziehungen auf. Die Unfähigkeit zu aktiver Gestaltung von Intimität und Sexualität kann auch dazu führen, daß man als „Patient" zum sexuellen Diener eines Partners wird.

Die Störung im Zeiterleben, die Auflösung der zeitlichen Perspektive, zeigt sich im Verlust der Rücksichtnahme auf die Zeit als einer

Dimension menschlichen Lebens. Zunächst kommt das zum Ausdruck im Erlebnis einer ungeheuren Verlangsamung – „ich schwimme wie in Sirup" –, dann aber auch im Gefühl übergroßer Dringlichkeit und Hektik. Diese Angst vor den anstrengenden Forderungen der Zeit kann Merkmal einer Identitätsschwäche sein, verbunden mit dem Gefühl der Zukunftslosigkeit und dem Wunsch, Zeit gewaltsam zu überspringen. „Ulrike Meinhof verwarf 1968 alle realen Möglichkeiten von Änderung. Der Sprung in die Gewalt war ein Akt der Kapitulation. Kapituliert wurde vor dem Zwang, den jegliche Zukunft ausübt, nämlich Zeit zur Verfügung zu haben, und das bedeutet, Zeit als Möglichkeit zu begreifen. Zeit zu nutzen, verlangt Anstrengung" (*Wördemann* 1977, 283). Die Auflösung der zeitlichen Perspektive ist vielfach verbunden mit dem Gefühl, daß das Leben mit dem Ende der Jugendzeit ebenfalls beendet ist, was sich im Wunsch zum Selbstmord äußern kann. Selbstmord kann dann zum Zeichen einer letzten verzweifelten Aktion des bewaffneten Kampfes werden, der die Zeit hintergehen will.

Die Auflösung der Arbeitsfähigkeit erlebt der Jugendliche in der Störung des Gefühls der Leistungsfähigkeit. Aus keiner Betätigung kann ein Gefühl der Befriedigung abgeleitet werden. Mangelnde Konzentrationsfähigkeit einerseits und selbstzerstörerische, exzessive Aktivität andererseits können die Folge sein.

Die Wahl der negativen Identität, der Versuch, auf Grund einer rachsüchtigen Entscheidung gegen andere ein Identitätsgefühl zu gewinnen, wird von Erikson als vierte Möglichkeit der Identitätsverwirrung angeführt (vgl. *Erikson* 1970, 177 ff.). Dieser Versuch einer totalen Identifizierung mit dem, was in der Kindheit als das Unerfreulichste und Gefährlichste vorgestellt wurde, wird von der Notwendigkeit diktiert, „einen Platz zu finden und gegen übertriebene Ideale zu verteidigen, die entweder von krankhaft ehrgeizigen Eltern gefordert oder von zu überlegenen tatsächlich verwirklicht werden" (*Erikson* 1970, 180). Ehe man das Gefühl bekommt, gar nichts zu sein, sich selbst nicht schmecken zu können, wird man zum Gegner aller.

Bei all diesen Schwierigkeiten, mit denen Jugendliche nicht zurecht kommen, und die sich in der derzeitigen Situation von Jugendarbeitslosigkeit, Lehrstellenverknappung und Schulstreß ungeheuer

steigern, wählen sie vielfach den Weg der Flucht, indem sie Schule und Arbeitsplatz verlassen, sich in unzugänglichen Stimmungen verkriechen oder Drogen und Alkohol als Fluchtwege benutzen. Um den widersprüchlichen Anforderungen von Schule, Beruf, Freizeit, Familie, Freund und Freundin zu entgehen, überidentifizieren sich Jugendliche aber oft bis zur völligen Aufgabe des Selbst mit Helden und Cliquen, was totalitären, faschistischen und kriminellen Doktrinen und Ideologien den Anreiz bietet, die Jugendlichen für sich zu vereinnahmen. *M. Funke* weist auf den Zusammenhang mit dem Terrorismus besonders hin: „Bei der Akkumulation der Chancen für den revolutionären Umsturz ist der politische Terrorismus auf Machtdeflation, Autoritätsverlust der Herrschenden und besonders zwecks Schaffung des ‚Auslösers' auf Gewinnung der Jugend für die neuen Ideen und Idole aus. Die Distanz zu Status quo, der romantische Bindungshunger, der dumpfe Wunsch nach der großen Alternative zu den Stolperschwellen systemkonformer Erfolgsleitern macht die Jugend empfänglich für radikale Perspektiven; besonders für Jugendliche, die ihren Emanzipationsdruck gegen ein arriviertes Elternhaus chancenlos sehen, die vorgezeichneten Erfolgsbahnen aber ablehnen, weil sie zur Identifikation mit dem Vorgebenen zwingen und mehr als den bekannten standardisierten Normenkonformismus aufmüpfiger Verspieltheit für die jugendlichen Formationsjahre der künftigen top dogs nicht zulassen.
Im Ausbruch aus dem Sozialsystem und in seiner Bekämpfung ist folglich Rache für die individuelle Entfaltungsverhinderung durch Familie und durch den ererbten Sozialstatus als Motiv vermischt mit dem Drang nach Beförderung des bonum commune, nach mehr Gerechtigkeit, die in revolutionären Menschenbildern inkarniert scheint und sich dogmatisch verabsolutiert zur Entscheidungsbasis gegen die Gesellschaft, zur Rechtfertigung ihrer Zerstörung" (*Funke* 1977, 16).

Isolierung

Der junge Mensch, der den Anforderungen, die sich in der Phase Intimität gegen Isolierung stellen, ausweicht, weil er Angst hat, in einer Partnerbeziehung sich selbst zu verlieren, kann ein schmerzlich gesteigertes Gefühl der Isolierung, der Desintegration des Gefühls innerer Einheit und Kontinuität erleben, ein Gefühl unbestimmter Beschämtheit, dem die Unfähigkeit folgt, aus irgendeiner Art von Beziehung ein Gefühl der Erfüllung zu erlangen. Das Gefühl der Isolierung kann zum Gefühl tiefster Vereinsamung und schließlich zu einer gänzlichen Beschäftigung mit sich selbst führen. So betont *Irving Howe* als Schlußfolgerung seiner Beobachtung des Verweigerungsterrorismus' in den USA 1976: „Das Leben des Terroristen ist Einsamkeit. Nicht nur, weil er nicht weiß, ob er Freund oder Genossen trauen darf, sondern weil er sich selbst von allen Bewegungen und Gemeinsamkeiten abschneidet, in denen Möglichkeiten und Alternativen gewogen werden" (zit. nach *Wördemann* 1977, 285). Äußerlich kann der junge Mensch dabei sehr viele formale zwischenmenschliche Beziehungen haben, denen aber das Spontane, Warme, Kameradschaftliche fehlt, doch letztlich bleibt er allein und einsam. Äußere Isolation kann dazu kommen. Im Mai 1976 beging Ulrike Meinhof in ihrer Stammheimer Zelle Selbstmord. „Alles spricht dafür, daß Ulrike Meinhof ihr Leben in einem Augenblick tiefster menschlicher Vereinsamung aufgab" (*Wördemann* 1977, 282).

b) Eine Identitätskrise ergibt sich aus Situationen und Haltungen von Entfremdung und Egozentrik, die nicht durch Rollendistanz und Ich-Distanz modifiziert, verändert werden, um Identität in Form der Identitätsbalance zuzulassen. Beide Dimensionen der Identitätsentfaltung, soziale und persönliche Identität, können überakzentuiert werden, wobei sich im einen Fall Entfremdung ergibt, im anderen Egozentrik.

Entfremdung

Die Anpassung an die Erwartungen der Umwelt, die Ausführung der Rolle, kann derart groß werden, daß sie zur eigenen Haltung geworden ist und der Mensch ein völlig angepaßtes Wesen wird. Der Mensch verzichtet zugunsten der Erwartungen anderer ganz auf seine eigenen Interessen und Wünsche, seine persönliche Identität, und wird ganz zur Rolle. Das Kind, das nur noch deswegen lernt, um der Lehrerin einen Gefallen zu tun oder um den Schulabschluß zu erreichen, ohne selbst Spaß daran zu haben, der Jugendliche, der in seiner Clique, am Arbeitsplatz, sich nur noch nach den Wünschen anderer richtet, der Partner in einer Beziehung, der Ehemann, die Ehefrau, die sich nur mehr noch an die Wünsche des anderen anpassen, ohne sich selbst noch zu spüren, zu schmecken, leben in entfremdeter Situation. Solche Haltungen und Situationen sind weitgehend zurückzuführen auf gesellschaftliche und institutionelle Strukturen. Gesellschaftsformen geschlossener Art nach der Form „Totaler Institutionen“ erlauben nicht mehr die Darstellung der persönlichen Identität, da rigide Normen und Wertvorstellungen, Herrschafts- und Machtinteressen, keine Chance lassen, daß der Mensch sich selbst in eine Situation mit einbringt. Totale Institutionen versuchen die Anpassung ihrer Mitglieder auf Kosten der Bedürfnisse zu erreichen und die Mechanismen, mit denen sie zur Anpassung zwingen, sind Strafen und die damit verbundenen Ängste. Um solchen Situationen der Entfremdung zu entgehen, bedarf es der Fähigkeit, sich von den Erwartungen der Umwelt – des Lehrers, Meisters, Dienstherren, der Eltern, des Pastors, des Partners – lösen zu können und eigene Wünsche ihnen entgegensetzen zu können. Erst im Miteinander von Fremderwartung und eigenen Wünschen entsteht Identität.

An dieser Stelle muß auf eine sehr wichtige Unterscheidung hingewiesen werden. Vor zehn Jahren wurde der Versuch gemacht, durch Gründung von Wohngemeinschaften und Kinderläden, durch repressionsfreie Erziehung und Abbau veralteter hierarchischer Strukturen in Schule, Hochschule, Kirche und anderen Institutionen, die Vision, die Utopie, den Wunsch nach einem besseren, freieren, befriedigenderen menschlichen Zusammenleben zu ermöglichen. Damit verbunden war die Kritik an und die Distanz von bestehenden Institutionen. „Ausgangspunkt war ein extremes Mißbehagen an der Gesellschaft. Das Leben war nicht trotz, sondern zum Teil gerade wegen des wachsenden Wohlstands als sinnlos empfunden, die Isolierung der Individuen in der Familie und in der Anonymität der großen Städte und Neubaugebiete, die Verlassenheit und Einsamkeit der Studierenden in den Massenuniversitäten, all das wird als unerträgliche Belastung erfahren. Lieblosigkeit, Kälte, Berechnung – so jedenfalls erleben es viele Menschen – charakterisieren die zwischenmenschlichen Beziehungen“ (*Fetscher* 1977, 20). Die Tatsache, daß die Wurzeln der „ersten Generation“ des Terrorismus in diese Situation zurückgehen, ist kein Grund dafür, jegliche Kritik als Terrorismus zu bezeichnen. „Die Meinung, man müsse entschiedenere Kritik an unserer Gesellschaft verbieten, weil ein paar Terroristen eine derartige Kritik zur Rechtfertigung ihrer Gewalttaten benützt haben, entspricht dem Vorschlag, man solle Krankheit dadurch beseitigen, daß man die Benützung von Fieberthermometern untersagt" (*Fetscher* 1977, 30). Es muß demnach sehr scharf getrennt werden zwischen radikaler Kritik, die als Form der Rollendistanz zur Identitätsentfaltung notwendig sein kann, und dem Terrorismus. R. Wassermann hat allerdings darauf hingewiesen, daß in den USA die Tendenz größer ist, „politischen Extremismus als eine Form des abweichenden Verhaltens unter vielen anderen zu verstehen, als es Juristen und Verfassungsschützer hierzulande sich leisten zu können glauben" (*Wassermann* 1977, 36). Denn gerade in unserer derzeitigen Situation sind Jugendliche darauf angewiesen, sich in Initiativ- und Alternativgruppen am Rande bestehender Institutionen ihren Lebensraum für das psychosoziale Moratorium zu schaffen, wofür Jugendzentrumsgruppen, Frauengruppen, Bürgerinitiativen, christliche Basisgruppen ein kleines Zeichen sind. „Während Lehrzeit und berufliche Spezialisierung einst ein bestimmtes Moratorium wie auch eine bestimmte Identität im Rahmen eines wohldefinierten Berufsethos versprachen, verlangen sie daher heute oft eine frühe Standardisierung der Erfahrung, die mit der Blockierung von ideologischem Bewußtsein und ethischem Urteil einhergeht. Manche jungen Menschen nahmen es sich daher heraus, neue, lebensfähige Moratorien zu schaffen – vom chaotischen ‚Ausdroppen' bis zum Zusammenschluß in Gemeinschaften oder Kommunen, die nonkonformistische Lebensformen pflegen" (*Erikson* 1977, 204). Die Überprüfung bestehender Systeme und die Bildung von Inseln im Meer der Institutionen sind noch kein Terrorismus.

Dieser beginnt dort, wo der Dialog verweigert wird, wo nur noch sinnlose Gewalt herrscht. „Terrorismus ist die Gewaltanwendung durch die kleine und isolierte Gruppe, die nicht mehr über die Kraft verfügt, die etablierte Macht des Terrors oder die allgemein akzeptierte Macht des Rechts und des Gesetzes auf breiterer Front, durch den Aufstand der Masse oder mit konventionellen Methoden anzugreifen" (*Wördemann* 1977, 24). Terrorismus und Gewalt beginnen, wo die Beseitigung von Entfremdung umschlägt in Egozentrik.

Egozentrik

Die Überakzentuierung der Dimension persönlicher Identität führt zur Egozentrik. Der einzelne wird so sehr von der Dimension persönlicher Identität, von seinen eigenen Bedürfnissen und Wünschen belegt und fasziniert, daß er nicht mehr in der Lage ist, die Erwartungen seiner Umwelt wahrzunehmen. Der Mensch versucht, sich eine Umwelt zurechtzubasteln, in der die Erwartungen der anderen nicht mehr vorkommen. In totaler Abhängigkeit von der eigenen Bedürfnisstruktur werden mehrdeutige und komplexe Wahrnehmungsinhalte in eindeutige und einfache umgewandelt, wobei der Abbruch von Beziehungen in Kauf genommen oder absichtlich herbeigeführt wird. Der einzelne ist abgeschnitten von der Dimension sozialer Identität. Der damit verbundene Mangel an Gemeinschaftsgefühl kann – wie beim Überlegenheitskomplex – Ursache terroristischen Verhaltens werden, wenn Gewalt als Lösungsmechanismus eingesetzt wird und als Mittel zur Selbstverwirklichung des Menschen angesehen wird. Terror wird zum Selbstzweck.

Die Vorläufer, der kleine Streber in der Klasse, der mit zynischer Roheit seine Klassenkameraden aussticht, der Jugendliche, der seine Freunde tyrannisiert, die Partner in einer „Liebesbeziehung" oder Ehe, die mit feinsten und subtilen Mitteln sich gegenseitig „auszutricksen" suchen – sie sind nicht auf dem Wege zur Identitätsentfaltung. Erst, wenn sie versuchen, ihr Verhalten in Gruppen dahin zu überprüfen, ob sie noch in der Lage sind, die Erwartungen der anderen zu spüren und die eigenen Bedürfnisse im Sinne des Gemeinschaftsgefühls zu relativieren, können sie durch Ich-Distanz zur Identitätsbalance kommen. Dabei geht es um die Fähigkeit, einerseits sich im Hinblick auf die Erwartungen anderer zu ändern, andererseits aber sich selbst treu zu bleiben. Ich-Distanz hängt zusammen mit Empathie, der Fähigkeit, „sich in die Rolle anderer Menschen zu versetzen, um damit andere Menschen und die eigene gesellschaftliche Bedingtheit zu erkennen" (*Pfaff* 1972, 134).
Der Egozentriker aber bleibt im Grunde ich-schwach und ist auf der Suche nach der starken Gruppe, die ihm Kraft verleihen soll. Die Gruppe als Totale Institution aber, an die er sich anklammert, führt nicht zur Identitätsentfaltung.

c) Eine Identitätskrise ergibt sich aus der Existenz in einer Gruppe, die als Totale Institution die Identitätsentfaltung verhindert. Denn in einer Totalen Institution gibt sich der einzelne der Gruppe ganz in die Hand. Die Gruppe wird zum Moloch, dem die Ich-Identität geopfert wird. Die eigene Ich-Schwäche soll verdeckt werden durch das Gefühl der gemeinsamen Stärke. Gerade der Jugendliche ist auf seiner Suche nach einem befriedigenden Zugehörigkeitsgefühl in Gefahr, einer Ideologie – sei es in Form eines „Linksfaschismus" oder in vermehrt festzustellender Faschismus-Schwärmerei – zu erliegen. „Da sie mit sich selbst nichts anzufangen wissen, entledigen sie sich ihrer Individualität und gehen in das ideologisch uniformierte Kollektiv ein. Nun haben sie die ‚Kommunikation', indem sie das gleiche wie die anderen denken, indem sie wie die übrigen Gruppenmitglieder fühlen, indem sie die Ziele des Kollektivs teilen" (*Affemann* 1975, 63). Die These von I. Fetscher, daß viele Frauen aus Verwirrung und Verzweiflung, auf Grund zu geringer Gleichberechtigung, sich in sinnlosen Terror flüchten, ist in diesem Zusammenhang von Interesse (vgl. *Fetscher* 1977, 24). Wer sich einmal in einer kriminellen oder terroristischen Gruppe befindet, wird sie aus Angst vor Strafe, vor der Selbstjustiz innerhalb der Gruppe, nur sehr schwer wieder verlassen können, was eine zusätzliche Ursache terroristischen Verhaltens bedeutet.

3. Vorbeugende Tätigkeiten zur Verhinderung der Identitätskrisen als Ursachen terroristischen Verhaltens

Wenn abschließend einige Hinweise auf langfristige Maßnahmen unter Berücksichtigung der sozialpsychologischen Aspekte, wie sie im vorliegenden Beitrag zusammengestellt wurden, gegeben werden sollen, muß zunächst davon ausgegangen werden, daß die Gewalt viele Gesichter hat und der Terrorismus nur eines davon ist. Wir alle sind auf Grund der Störungen unserer Identitätsentfaltung in Gefahr, Gewalt anzuwenden, sei es als Träger institutioneller Macht oder ganz privat, Schwächeren gegenüber, anderen, die wir als Spinner oder Kriminelle definiert und abgestempelt haben.
Die Frage nach vorbeugenden Tätigkeiten ist dabei nicht nur ein kriminaltechnisches, organisatorisches oder gesetzgeberisches Problem. „Verfassungsschutz müßte nicht weniger politisch abgeklärte ‚Sozialpädagogik' sein als die Bekämpfung von sonstigen Straftaten" (*Wassermann* 1977, 64). Sondern es geht im Sinne eines Konzeptes der Identitätstheorie zunächst darum, dem Menschen auf der Suche nach seiner Identität eine Hilfe anzubieten. „Der moderne Mensch ist – fast unvermeidlich, so scheint es – unaufhörlich auf der Suche nach sich selbst. Begreift man das, dann wird auch klar, warum das Gefühl der ‚Entfremdung' und damit die einhergehende Identitätskrise bei den jungen Menschen heute am heftigsten sind. Ja, man sieht die ‚Jugend' selber, die ja mehr eine Sache der gesell-

schaftlichen Definition als ein biologisches Faktum ist, als einen Zwischenbereich an, der von den institutionellen Gebilden der modernen Gesellschaft geräumt oder ‚ausgespart' wurde. Aus diesem Grund ist sie gleichzeitig der Schauplatz der akutesten Selbstentfremdung und der intensivsten Suche nach verläßlichen Identitäten" (*Berger* 1975, 83).
Der Verfasser hat an anderer Stelle Hinweise zum Zusammenhang von Politischer Bildung und Identitätsentfaltung, Vorschläge für identitätsentfaltende Jugendarbeit und Grundlagen zur Einführung in die Identitätstherapie erarbeitet (vgl. *Veelken* 1977, 1978). An dieser Stelle soll, worauf vor allem *G. Konopka* in ihren Ausführungen zur sozialen Gruppenarbeit hingewiesen hat, noch einmal darauf verwiesen werden, daß nicht die Bereitstellung, sondern die Verhinderung eines psychosozialen Moratoriums Jugendlicher eine Ursache terroristischen Verhaltens darstellt. „Doch den Jugendlichen muß die ‚Erprobungszeit' gegeben werde, die Erik Erikson das notwendige ‚Moratorium' nennt. Eine Gesellschaft, die ihr dies nicht bietet, läuft Gefahr, daß ihre Jugend gefügig, phantasielos und gleichförmig wird, oder aber auch feindselig und verbrecherisch. Die moderne Gesellschaft mit ihren straffen Regeln ist tatsächlich in dieser Gefahr" (*Konopka* 1971, 56; vgl. auch *Laqueur* 1977, 6 f.).

Damit verbindet sich einerseits die Aufforderung, der außerschulischen Jugendarbeit und -bildung eine größere Gewichtigkeit einzuräumen und andererseits, die sich bildenden Initiativ- und Alternativgruppen zu fördern. Denn „mehr Demokratie" bedeutet auch, daß bestehende Institutionen die Gruppen der jeweils Betroffenen als Veränderungspotentiale zulassen und auf die Wünsche im Dialog reagieren. Denn es wäre ein furchterregender Gedanke, daß Institutionen auf Bittschriften, Petitionen, Eingaben nicht mehr reagieren, sondern erst in Bewegung geraten, wenn sie durch terroristische Gewalt dazu gezwungen werden.

Gleichzeitig gilt es, die gesellschaftlichen Wurzeln der Identitätskrise zu beseitigen, zur realen Verbesserung der Situation des Lebens von Kindern, Jugendlichen und Erwachsenen beizutragen. „Um Jugendliche dem Magnetfeld des Terrorismus zu entziehen, darf nicht nur verbal bekannt werden, daß ‚das beste Mittel zur Verbrechensvorbeugung soziale Gerechtigkeit ist'. Wir müssen alles tun zur Verhinderung, daß die Jugend dem Gewaltkult verfällt, sich aufgibt, weil sie nichts mehr zu verlieren hat außer dem Willen, sich nicht in Existenzangst und Opportunismus zu ducken" (*Funke* 1977, 34). Das klingt sehr allgemein, bedeutet aber die Analyse und Veränderung des ganz konkreten Alltags. Denn die auftauchenden Störungen, Konflikte, die sich ergeben aus dem Erlebnis sozialer Ungleichheit, der Erfahrung der Widersprüchlichkeit der Gesellschaft, den Bedürfnissen der Jugendlichen in den Lebensbereichen der Arbeit, der sozialen Gruppen, der Freizeit und des Intimbereichs, müssen als Herausforderung bewußt und reflektiert angenommen werden. Gleichzeitig müssen in mühsamer Arbeit die Konzepte weitergearbeitet werden, die das Leben in der konkreten Gesellschaft der Bundesrepublik Deutschland als lebenswert erscheinen lassen. „Denn die Jugend braucht den ideologischen Zusammenhalt der Welt, die sie einmal übernehmen soll, und daher ist sie sich empfindlich bewußt, ob das tradierte Gesellschaftssystem stark genug ist, den Prozeß der Identitätsbildung zu bestätigen und durch ihn bestätigt zu werden, oder aber so rigide und brüchig, daß es der Erneuerung, der Reform, oder Revolution bedarf" (*Erikson* 1977, 17).

Familiendynamische, sozialpsychologische und sozialökonomische Faktoren des linken und rechten Radikalismus

– Ergebnisse einer empirischen Untersuchung –

von Ronald Grossarth-Maticek

Um psychosoziale Mitursachen für den linken und rechten Radikalismus bei Heidelberger Studenten zu erforschen, wurden 1971 84 linksradikale Studenten, die den bewaffneten Kampf befürworteten, 84 rechtsradikale Studenten, die sich für die gewaltsame Machtübernahme und ein Einparteien-System von rechts einsetzten, 84 bürgerlich-demokratische Studenten und 84 apolitische Studenten mit einem Ja-Nein-Fragebogen befragt. Im Jhre 1978 wurden 23 Linksradikale, 25 rechtsradikale, 20 bürgerlich-demokratische und 19 apolitische Studenten (von den ursprünglich 84 Studenten, die 1971 befragt wurden) erneut befragt. Die bei dieser Untersuchung wichtigsten Daten und Hypothesen betreffen die Familienbeziehungen, die Schichtzugehörigkeit und sozialpsychologischen Faktoren. In allen Bereichen unterscheiden sich rechtsradikale, linksradikale, apolitische und bürgerlich-demokratische Studenten. Die Studie zeigt, daß das Phänomen „linker oder rechter Radikalismus" nur als komplexe Interaktion von mehreren Faktoren zu verstehen ist. Um dies zu demonstrieren, soll in dieser Arbeit ein Teil des umfangreichen Fragenkataloges ausgewertet werden.

1. Der theoretische Rahmen

Der linke Radikalismus kommt dann zustande, wenn mehrere Faktoren in Interaktion treten, so z. B.: Herkunft aus der Bildungsmittelschicht, in der liberale Werte und Normen vertreten wurden, das Erlebnis, von einem Elternteil emotional verlassen und ausgestoßen worden zu sein, die Enttäuschung über bestimmte Hochschullehrer

oder andere Systemrepräsentanten, weil diese ihre Tendenzen und Erwartungen nach inhaltlicher Diskussion und Zusammenarbeit egoistisch verhindert haben, die Einsicht, daß der Kapitalismus in der Bundesrepublik die vorhandenen liberalen Freiräume abschaffen will, ein ausgeprägtes Bedürfnis nach sozialer Gerechtigkeit.
Der rechte Radikalismus kommt dann zustande, wenn mehrere Faktoren in Interaktion treten, z. B.: Herkunft aus dem ökonomisch verunsicherten Kleinbürgertum, ausgeprägte Idealisierung der Mutter und das Erlebnis der Unvergleichbarkeit, der Liebenswürdigkeit der Mutter mit anderen Personen und Gruppen, die erlebte Verhinderung, die Mutter zu lieben, die Einsicht, daß bestimmte Personen und Gruppen die moralischen Werte vernichten wollen, die Einsicht, daß kleine und mittlere Betriebe systematisch vom Monopolkapitalismus kaputt gemacht werden, das Bedürfnis nach einer hierarchisch gegliederten Ordnung.

Nur das Zusammenwirken mehrerer Faktoren kann die Motivation zum linken oder rechten Radikalismus erklären. Ein oder zwei Faktoren für sich allein befinden sich in verschiedenen Kontrollgruppen, so zum Beispiel setzen sich auch andere Studentengruppen für soziale Gerechtigkeit ein.

Im folgenden soll die spezifische Interaktion von einigen angeführten Faktoren in bezug auf den linken und rechten Radikalismus theoretisch interpretiert werden:
Die Interessen der Bildungsmittelschicht (lange studieren, persönlichen Interessen im Studium nachgehen, individualistische Auffassungen vertreten) geraten zunehmend in Widerspruch zu Maßnahmen der staatlichen Bildungspolitik. Aus diesem Grund haben die linksradikalen Studenten, die größtenteils aus der Bildungsmittelschicht kommen, zunächst liberale Ideologien vertreten und den Versuch unternommen, durch soziales Engagement ihre zunehmend beschränken Privilegien zu kompensieren. Erst nachdem die Hochschullehrer oder andere Systemrepräsentanten die Entfaltung der Studenten verhindert haben, wurden sie zunehmend radikalisiert. Die familiendynamische Komponente der erlebten Ausstoßung (nach ursprünglicher Verwöhnung) steigert die Sensibilität der Abweisung gegenüber. Das liberale Elternhaus sensibilisiert für soziale Gerechtigkeit. Aufgrund eigener Erfahrungen und allgemeiner Beobachtungen entwickelt sich die Einsicht, daß der Kapitalismus die

liberalen Freiheiten in der Bundesrepublik abschaffen will. Als Produkt dieser Interaktion entwickelt sich eine tiefgehende familiäre, persönliche und gesellschaftliche Entwurzelung, die im Endeffekt Ekel und Verachtung vor der Gesellschaft hervorrufen.

Die kleinen und mittleren Unternehmen werden zunehmend vom staatsmonopolistischen Kapitalismus bedroht. Das sozio-ökonomisch bedrohte Kleinbürgertum entwickelt ein enormes Aggressionspotential auf den Staat und auf die Gesellschaft. Nun kommen beim Rechtsradikalismus noch zusätzliche Faktoren hinzu: Die starke Fixierung an die Mutter und die Idealisierung der Mutter ermöglichen ein Gefühl der Stärke und der besonderen persönlichen Wichtigkeit. Die erlebte Behinderung, die Mutter zu lieben (besonders durch den Vater), motiviert die Kampfbereitschaft. Aus der starken Mutterbeziehung resultiert die besondere Motivation, kulturelle und moralische Werte zu bewahren. Diese motiviert auch das Bedürfnis nach einer hierarchisch gegliederten Ordnung, in der sich die sozio-ökonomisch verunsicherten Personen besonders stark empfinden. Der Widerspruch zwischen familiärer Fixierung und sozio-ökonomischer Verunsicherung motiviert die Aggressivität auf Randgruppen, aber auch auf die gesamte Gesellschaft.

2. Vorgehen

Die Antworten wurden zunächst mit Hilfe eines standardisierten Fragenkatalogs (mit 348 Fragen) erhoben.
Die linksradikalen Studenten befürworteten per definitionem den bewaffneten Kampf als wichtigstes Mittel der politischen Auseinandersetzung. Der allergrößte Teil der Befragten gehörte zum Heidelberger „Sozialistischen Patienten-Kollektiv" (SPK, vgl. dazu oben S. 33). Zum Zeitpunkt der Befragung (1971) gab es meiner Schätzung nach an der Universität Heidelberg ungefähr 100 Befürworter des bewaffneten Kampfes. 24 Studenten verweigerten sich dem Interview.

Die rechtsradikalen Studenten wurden aus einer Gruppe rechts von der NPD rekrutiert. In Heidelberg gab es im Jahre 1971 mehrere rechtsradikale Organisationen, die damals kaum auffielen, da sie niemals öffentlich auftraten. Um die Existenz dieser Gruppen erfuhr ich während der Befragung eines NPD-Mitgliedes. Ich konnte etwa

10 Gruppen ausfindig machen, die jeweils sieben bis zehn Mitglieder und einen Gruppenführer hatten. Sie waren in internen Arbeitskreisen organisiert und befürworteten anonyme Aktivitäten im passenden Augenblick (z. B. Schaufenster von Sex-Shops einwerfen, Möglichkeiten der bewaffneten Machtübernahme diskutieren usw.). Sie zeigten folgende Charakteristika:

- Sie befürworteten die Einführung der NSDAP.
- Sie bewunderten Hitler als den größten deutschen Politiker.
- Sie erstrebten eine Verbindung von Elementen des Kapitalismus mit Elementen des Sozialismus, strenge bürgerliche Moral und Nationalismus. Damit glaubten sie, im Dienst des ganzen deutschen Volkes zu stehen.
- Sie waren gegen die parlamentarische Demokratie und setzten sich für das Einparteien-System ein.
- Sie befürworteten die Anwendung von Gewalt im „passenden und historisch gewachsenen Augenblick".
- Sie waren ausgesprochen antisemitisch und „antibolschewistisch".

Die bürgerlich-demokratischen Studenten rekrutierten sich aus Studentenorganisationen aller bürgerlichen Parteien (also LSD, SHB, RCDS, ADH).

Die unpolitischen Studenten hatten keinen expliziten politischen Standort.

Die Auswahl ist wie folgt geschehen: Bei links- und rechtsradikalen Studenten sind alle bekannten und zugänglichen Fälle angesprochen worden. 13 rechtsradikale Studenten haben das Interview verweigert. Die demokratischen Studenten sind in verschiedenen Hochschulgruppen angesprochen worden, 12 Studenten haben das Interview verweigert.

Die apolitischen Studenten sind in der Mensa und verschiedenen Universitätsseminaren angesprochen worden, 17 Studenten haben das Interview verweigert.

Mit dem Fragenkatalog wurden folgende Bereiche angesprochen:
- Familiendynamik (z. B. emotionale Beziehungen im Elternhaus, Frustrationen, normative Erziehung im Elternhaus).
- Das Verhältnis zum Partner (z. B. idealisierte Liebe, empfundene

Dominanz des Partners usw.).
– Spezifisches Verhalten in sozialen Situationen (z. B. hypersensible Reaktionen auf Zurückweisung im persönlichen und emotionalen Bereich, hypersensible Reaktionen auf die Zurückweisung von moralisch-normativen Orientierungen usw.).
– Die ideologische Einstellung (z. B. Tendenz, die vorgegebene Liberalität der Gesellschaft zu entlarven, Bekämpfung des Kapitalismus in dem Bereich, in dem er offenbar die Entfaltung menschlicher Bedürfnisse verhindert, Annahme einer Verbindung von Bolschewismus und Weltjudentum als Haupthindernis für die wirtschaftliche Entfaltung der Nation usw.).
– Die Entwicklung der ideologischen Einstellung (z. B. Entlarvung der vorgegebenen elterlichen Liberalität, der Wunsch, einen Elternteil in Schutz zu nehmen, Reaktion auf Zurückweisung oder Enttäuschung durch einen Elternteil usw.).
– Die Motivation zur politischen Gewaltanwendung (z. B. Befürwortung der Gewaltanwendung gegen Personen und Gruppen, denen unterstellt wird, die nationale Entfaltung zu verhindern, Gewaltbereitschaft aufgrund des Widerspruchs von politischer Einsicht und persönlichen Schwierigkeiten, Gewaltbereitschaft aufgrund des Widerspruches zwischen der persönlichen hohen moralischen Einschätzung und den angenommenen kulturellen Zerfallserscheinungen in der Gesellschaft).
– Sozio-ökonomischer Status (z. B. Verunsicherung der beruflichen und materiellen Existenz der Eltern, Verunsicherung der eigenen Existenz).
– Sozialpsychologische Faktoren (Versuch der Entlarvung des Anti-Liberalismus durch Angriff auf den Staat, Tendenz, den Liberalismus als unfähig darzustellen, das Erlebnis, durch gesellschaftliche Repräsentanten gezwungen zu sein, die eigenen liberalen Positionen aufzugeben usw.).
– Die Einschätzung des Verhältnisses von Individuum und Gesellschaft.

3. Ergebnisse

Die Ergebnisse sind vielschichtig. Hier sollen nur einige Aspekte dargestellt werden.
Im folgenden beschränke ich mich auf die Antwortstruktur von links- und rechtsradikalen Studenten. Die Gruppen der bürgerlich-

demokratischen und apolitischen Studenten mußten aus Raumgründen unberücksichtigt bleiben. Dabei wurden nur solche Fragen ausgewertet, die einen Unterschied zwischen der dargestellten Gruppe und den jeweils drei Kontrollgruppen auf dem Signifikanzniveau von $p < 0{,}05$ aufweisen.

Die Rechtsradikalen geben eine ausgeprägte Liebe zu Mutter, Vater oder einem anderen Familienmitglied an. 52 Studenten antworten, daß sie ihre Mutter über alles auf der Welt lieben, 82 lieben ein Elternteil oder ein Familienmitglied über alles auf der Welt. Sie sind also im Familienghetto eingeschlossen. Demgegenüber gibt nur ein linksradikaler Student zu, daß er seine Mutter über alles auf der Welt liebt.

Die Rechtsradikalen empfinden nie Haß auf die Mutter, der Vater wird von 41 Personen gehaßt. 72 Linksradikale hassen ihre Mutter, nur 13 ihren Vater. Die Familiendynamik zeigt, daß rechtsradikale Studenten mehr an ihre Mutter gebunden sind und Aggressionen dem Vater gegenüber zeigen. Die Linksradikalen dagegen sind weitgehend aggressiver der Mutter gegenüber und weniger dem Vater gegenüber.

Die Rechtsradikalen empfinden sich häufig durch einen Elternteil in ihrem Bedürfnis gehindert, den anderen Elternteil zu lieben. Dies geben 69 rechtsradikale Studenten an und nur sieben Linksradikale.

Die Rechtsradikalen empfinden häufig Dominanz durch einen Elternteil, meistens durch den Vater (31mal). Die Linksradikalen fühlen sich 81mal durch einen Elternteil dominiert, und zwar meistens von der Mutter.

Die Rechtsradikalen fühlen sich von einem Elternteil ungerecht behandelt (24), und zwar immer vom Vater. 47 Linksradikale fühlen sich von einem Elternteil ungerecht behandelt, 46 von der Mutter. Trotz Dominanz und ungerechter Behandlung empfinden die Rechtsradikalen keine gefühlsmäßige Ausstoßung oder Abweisung durch einen Elternteil, während das 67 Linksradikale empfinden. Auch diese Ergebnisse lassen den Schluß zu, daß Ausstoßung und Abweisung durch einen Elternteil, besonders durch die Mutter, ein Charakteristikum für die Genese des linken Radikalismus ist. Während das behinderte Bedürfnis, einen Elternteil zu lieben, eher für rechtsradikale Studenten charakteristisch ist, ist die empfundene Dominanz durch einen Elternteil weitgehend mehr für den linken Radikalismus charakteristisch.

83 rechtsradikale Studenten wurden zur strikten Einhaltung bürgerlicher Werte und Normen erzogen, demgegenüber nur 4 Linksradikale. 80 Rechtsradikalen wurde in der Erziehung das Gefühl von außerordentlicher persönlicher Wichtigkeit vermittelt. Dieses Gefühl hatten nur 5 Linksradikale.
Nur 5 Rechtsradikale hatten im Elternhaus die Möglichkeit, Freiräume zu beanspruchen, dies konnten 72 Linksradikale tun.

Aus diesen Ergebnissen ist der Schluß möglich, daß die Erziehung zur striken Einhaltung bürgerlicher Werte und Normen, in der das Gefühl von außerordentlicher persönlicher Wichtigkeit vermittelt wird, aber Freiräume für das Verhalten verboten werden, ein Faktor für die Genese des rechten Radikalismus ist. Der linke Radikalismus wird eher begünstigt, wenn im Elternhaus nicht zur strikten Einhaltung bürgerlicher Werte und Normen erzogen wird, dem Kind kein Gefühl von außerordentlicher persönlicher Wichtigkeit vermittelt wird, dem Verhalten aber Freiräume zur Verfügung stehen.

Kein rechtsradikaler Student fühlt sich im Elternhaus drastisch gefühlsmäßig abgewiesen. 79 linksradikale Studenten fühlen sich drastisch gefühlsmäßig abgewiesen nach vorhergegangener extremer Bindung. Auch dieses Ergebnis zeigt, daß emotionale Ausstoßung ein Charakteristikum des linken Radikalismus ist.

Die Rechtsradikalen empfinden eine ausgeprägte Identifikation mit einem Elternteil und empfinden diese als angenehm (69). Auch Linksradikale zeigen eine ausgeprägte Identifikation mit einem Elternteil, empfinden diese jedoch als unangenehm (76).
Dem Rechtsradikalen wird äußerst selten ein Tötungswunsch bewußt, der zur Erreichung der eigenen Identität dient (nur in zwei Fällen). 58 Linksradikalen jedoch wird der Tötungswunsch einem Elternteil gegenüber bewußt. 36 Linksradikale denken sogar an Selbstmord, um sich von einem Elternteil zu befreien. Dies denkt nur ein Rechtsradikaler. Die Rechtsradikalen glauben auch nicht, durch Selbstmord einen Elternteil bestrafen zu können. Dies glauben 52 Linksradikale.
82 Rechtsradikale sind eher bereit, sich selbst oder anderen gegenüber aggressiv zu sein als einem Elternteil gegenüber. Dazu ist nur ein Linksradikaler bereit.
Der Rechtsradikale fühlt sich in der eigenen Identitätswahrnehmung

durch einen Elternteil nicht bedroht, während sich 82 Linksradikale durch diese Wahrnehmung bedroht fühlen.

84 Rechtsradikale betrachten die Bindung zu einem Elternteil als Bedingung zur Erlangung der eigenen Identität. Dies tut nur ein Linksradikaler. Das Ergebnis zeigt, daß die Linksradikalen ein ausgesprochen ambivalentes Verhältnis zum Elternhaus haben, während die Rechtsradikalen dazu neigen, das Elternhaus zu idealisieren und die Aggressivität nach außen abzuleiten.

64 Rechtsradikale zeigen eine idealisierte Liebe zum Partner, 58 fühlen sich von einem Partner ohne Widersprüche geliebt, nur 3 Linksradikale idealisieren ihren Partner, einer fühlt sich ohne Widersprüche von einem Partner geliebt.

Die Rechtsradikalen geben keine gefühlsmäßige Ausstoßung durch einen Partner an und empfinden ihren Partner nicht als dominant. 38 Linksradikale empfanden, daß sie von ihrem Partner gefühlsmäßig ausgestoßen wurden, 48 litten an der Dominanz des Partners. Dieses Ergebnis zeigt, daß das Verhältnis zum Partner vom Rechtsradikalen idealisiert wird, vom Linksradikalen eher negativ gesehen wird.

Die Idealisierungstendenz des Rechtsradikalen zu seinem Partner zeigt sich auch darin, daß nur 5 Personen die Frage bejahen, daß sie eine langfristige gefühlsmäßig und sexuell sehr befriedigende partnerschaftliche Beziehung hatten. Nur drei Personen hatten zum Zeitpunkt der Befragung eine gefühlsmäßig und sexuell befriedigende partnerschaftliche Beziehung. Dies geben auch nur zwei linksradikale Studenten an.

Die rechts- und linksradikalen Studenten zeigen in verschiedenen Bereichen hypersensible Reaktionen auf verschiedene Inhalte der Frustration. Die Rechtsradikalen reagierten in 83 Fällen hypersensibel auf die Zurückweisung ihrer moralisch-normativen Orientierung. Dies taten nur zwei linksradikale Studenten. Dementgegen reagierten linksradikale Studenten hypersensibel auf die Zurückweisung im persönlichen und emotionalen Bereich (77). Diese Reaktion zeigten nur 4 Rechtsradikale. Es wird angenommen, daß die hypersensiblen Reaktionen auf persönliche Zurückweisung mit der emotionalen Ausstoßung und Abweisung im Elternhaus zusammenhängt. Die hypersensible Reaktion auf die Zurückweisung moralisch-normativer Orientierungen hängt mit der Stabilisierung von Tabus zusammen, die aus einer starken Fixierung auf die Mutter re-

sultieren. In diesem Zusammenhang ist auch das Ergebnis zu sehen, daß 82 rechtsradikale Studenten Aggressionsbereitschaft zeigen, wenn Angriffe auf ihre internalisierten moralischen Grundwerte erfolgen. Solche Reaktionen zeigen nur 3 Linksradikale.
66 Linksradikale zeigen ausgeprägte Aggressionsbereitschaft, wenn Menschen in sozial ungerechten Beziehungen unterdrückt werden. Dieses Verhalten zeigen 27 Rechtsradikale. Auch die Aggression auf soziale Ungerechtigkeit scheint mit der emotionalen Abweisung im Elternhaus, also der erlebten Ungerechtigkeit im eigenen Elternhaus, zusammenzuhängen.

Die Rechtsradikalen zeigen verschiedene Motive, die für die Genese ihrer ideologischen Einstellung von Bedeutung sind. 80 Rechtsradikale verbinden ihr jetziges politisches Engagement mit dem Wunsch, die Erwartungen einer von ihnen idealisierten Person zu erfüllen. Nur ein linksradikaler Student hat solche Wünsche. 70 linksradikale Studenten geben zu, daß ihr politisches Engagement mit der Zurückweisung oder Enttäuschung durch eine Person zusammenhängt. Diesen Zusammenhang sehen in ihrem politischen Engagement nur 4 Rechtsradikale. Auch dieses Ergebnis zeigt, daß die elterliche Ausstoßung mit linksradikalem Engagement und die elterlichen Delegationen und Erwartungen an das Kind mit rechtsradikalem Engagement zusammenhängen.

Ein wichtiges Motiv für das linksradikale politische Engagement war es, die angebliche elterliche Liberalität zu entlarven. Diesen Versuch haben 79 linksradikale, nur zwei rechtsradikale Studenten unternommen. 83 linksradikale Studenten verbinden ihr politisches Engagement mit der Verhinderung ihrer sozialen Tätigkeit durch gesellschaftliche Repräsentanten. Sogar 84 Linksradikale geben an, daß ein wichtiges Motiv für ihr heutiges politisches Engagement die Enttäuschung und anhaltendes Ekelgefühl über bestimmte Hochschullehrer war. Nur 4 Rechtsradikale verbinden ihr politisches Engagement mit der Verhinderung ihrer sozialen Tätigkeit durch gesellschaftliche Repräsentanten. Dementgegen bringen 52 Rechtsradikale ihr politisches Engagement in Verbindung damit, daß gesellschaftliche Repräsentanten ihre moralischen Ansprüche und Ideale nicht verstanden haben. Dies taten nur zwei linksradikale Studenten. Auch dieses Ergebnis bestätigt, daß bei Rechtsradikalen die moralisch-normative Einstellung und Frustration in diesem Bereich eine wichtige Rolle spielt, während bei Linksradikalen eine inhaltlich motivierte soziale Tätigkeit als Motiv hinzukommt.

82 Linksradikale versuchen, durch ihre politische Aktivität der Gesellschaft zu zeigen, daß sie nicht so liberal ist, wie sie vorgibt. Diesen Versuch unternehmen nur 13 Rechtsradikale. Das Ergebnis deutet eine komplexe Wechselwirkung von familiendynamischen Faktoren, Schichtzugehörigkeit und besonderer Erlebnisinhalte an. Die Enttäuschung durch die ungenügende elterliche Liberalität kann sich gegen die gesellschaftliche Liberalität richten, die gesellschaftlichen Repräsentanten können aber auch den Versuch verhindern, sich in der Gesellschaft liberal zu verhalten. Ursprünglich wollten die linksradikalen Studenten zeigen, daß sie liberaler als ihre Eltern sind. Die politische Aktivität der Rechtsradikalen möchte unter anderem auch zeigen, daß verschiedene politische Gruppen eine erstrebenswerte politische Ordnung verhindern. Diese Tendenz zeigen 52 Rechtsradikale und nur 3 Linksradikale. Wahrscheinlich steht sie in direkter Beziehung mit internalisierten moralisch-normativen Vorstellungen. Dementgegen zeigen 75 linksradikale Studenten die Tendenz, den Menschen von der bürgerlichen Kultur und Moral befreien zu wollen, 62 befürworten die Selbstorganisation der unterdrückten Menschen, dies tun nur 7 Rechtsradikale. 84 Rechtsradikale versuchen, den Kapitalismus in Bereichen zu bekämpfen, in denen er die bürgerlich-moralischen Werte und die nationale Kultur bedroht. In diesem Zusammenhang erstreben 81 Rechtsradikale eine derartige Entfaltung der nationalen Kultur, in der Volk und Persönlichkeit zur vollen Entfaltung kommen können. Diese Charakteristika sind bei den Linksradikalen so gut wie nicht vorhanden. Auch in diesem Zusammenhang deutet sich beim Rechtsradikalen eine komplexe Interaktion von familiärer Bindung und ideologischer Einstellung an. Die starke Bindung an die bürgerliche Moral scheint mit der Fixierung an ein Elternteil zusammenzuhängen.

Der Rechtsradikale ist persönlich in seiner materiellen Existenz verunsichert. Dies geben 62 Rechtsradikale, nur ein Linksradikaler zu. 78 Rechtsradikale deuten an, daß ihre Eltern in der beruflichen und materiellen Existenz verunsichert sind. Dies gibt nur ein Linksradikaler an. Die Rechtsradikalen stammen vorwiegend aus kleinbürgerlichen Verhältnissen, deren materielle Existenz und Berufsstand gefährdet ist. 42 Rechtsradikale stammen aus Elternhäusern mit selbständigem Handwerk, kleinem landwirtschaftlichen Betrieb usw. Aus diesen Verhältnissen kommen nur 5 Linksradikale, während 10 rechtsradikale Studenten aus der Bildungsmittelschicht stammen, kommen 69 linksradikale Studenten aus dieser Schicht. 9 Rechtsradikale kommen aus Arbeiterfamilien (Facharbeiter, ungelernte oder angelernte Arbeiter), wogegen kein einziger Linksradikaler aus Arbeiterfamilien kommt. 10 Rechtsradikale sind Kinder von kleinen oder mittleren Angestellten, dagegen kein einziger Linksradikaler. 3 Rechtsradikale kommen aus Beamtenfamilien (höherer und gehobener Dienst). Aus solchen Familien kommen zwei Linksradikale. Vier Rechtsradikale kommen aus Beamtenfamilien (einfacher Dienst), dagegen kein Linksradikaler. Aus großbürgerlichen Verhältnissen (große Unternehmen, großer landwirtschaftlicher Betrieb) kommen ein Rechtsradikaler und 5 Linksradikale.

Das Ergebnis zeigt, daß die Rechtsradikalen aus kleinbürgerlichen Verhältnissen, die Linksradikalen dagegen aus der Bildungsmittelschicht und aus höheren sozialen Schichten kommen.

Viele Faktoren in der Ideologie des linken und rechten Radikalismus, die in ihrer Interaktion letztlich zu Gewaltbefürwortung führen, sind nur als komplexe Interaktion von familiendynamischen und sozio-ökonomischen Elementen zu verstehen.
55 Rechtsradikale sehen in der Verbindung von Bolschewismus und dem Weltjudentum eines der Haupthindernisse für die wirtschaftliche Entfaltung in Deutschland. In dieser Einstellung scheint sich wirtschaftliche Verunsicherung, Vorurteile und außengeleitete Aggression, die sowohl aus der Verunsicherung der eigenen sozialen Schicht wie aus der spezifischen Familiendynamik resultiert, zu verbinden. Eine solche Beziehung sehen sieben Linksradikale. 83 Linksradikale sehen in der Verbindung von internationalen Monopolen mit dem sowjetischen Sozialimperialismus eine wichtige Ursache für die Unterdrückung des Volkes und der persönlichen Entfaltung des Menschen in der Bundesrepublik Deutschland. Auch diese Motivation entsteht in komplexer Interaktion von Schichtzugehörigkeit und Familiendynamik. Die Bildungsmittelschicht, besonders die Interessen der Studenten, kommen in zunehmenden Konflikt mit der staatsmonopolistischen Verschulungstendenz. Die Kinder der Bildungsmittelschicht verlieren ihr Monopol im Bildungsbereich. Von

daher sind sie antimonopolistisch eingestellt. Die vorgetäuschte sozialistische Ideologie kollidiert ebenso mit ihrem sozio-ökonomischem Interesse. Von daher zeigen sie Aggression gegenüber dem europäischen Sozialismus. Die Unterdrückung der persönlichen Entfaltung, gegen die sie kämpfen, erfahren sie im familiären Bereich und im Kontakt mit staatlichen Repräsentanten, besonders den Hochschullehrern.

Die Motivation zur politischen Gewaltanwendung stammt bei Links- und Rechtsradikalen aus verschiedenen Quellen. 70 rechtsradikale Studenten befürworten gegen Personen und Gruppen Gewaltanwendung, die sie für die Verhinderung der nationalen Entfaltung verantwortlich machen. 80 rechtsradikale Studenten zeigen eine politische Gewaltbereitschaft aufgrund des empfundenen Widerspruchs zwischen der hohen moralischen Einschätzung ihrer eigenen Person und den angenommenen kulturellen Zerfallserscheinungen der Gesellschaft. Diese Motivation ist bei Linksradikalen so gut wie nicht vorhanden. 41 Linksradikale befürworten Gewaltanwendung gegen Gruppen, die die bürgerliche Moral und Kultur aufrechterhalten wollen. 79 Linksradikale zeigen politische Gewaltbereitschaft aufgrund des Widerspruchs zwischen ihrer Einsicht im ideologischen Bereich und der persönlich empfundenen Schwierigkeiten. Diese Motivation ist bei Rechtsradikalen nicht erkennbar.

Anfang 1978 konnten 25 Rechtsradikale, 23 Linksradikale, 20 demokratische und 19 apolitische Personen zum zweitenmal befragt werden. Dabei ergaben sich folgende Wiederholungskoeffizienten: Bei Rechtsradikalen 0.90, bei Linksradikalen 0.85, bei Demokratischen 0.55 und bei Apolitischen 0.40. Das Ergebnis zeigt, daß die Antwortstruktur bei Links- und Rechtsradikalen im Zeitraum von sieben Jahren sehr stabil bleibt, während sich die Antwortstruktur bei demokratischen und apolitischen (ehemaligen) Studenten sehr verändert hat. Daraus wird der Schluß gezogen, daß der Fragebogen wesentliche und mit der Zeit stabil bleibende Motivationen für den studentischen Radikalismus beinhaltet. Das zeigt auch folgendes Ergebnis: Im Jahre 1971 gaben 84 Rechtsradikale und 78 Linksradikale an, daß die im Fragebogen erfaßten Faktoren die wesentliche Motivation für ihr politisches Engagement beinhalten. Nur ein demokratischer Student konnte dies bestätigen. Auch im Jahre 1978 befürworteten 23 Rechtsradikale, allerdings nur noch 9 Linksradikale den Fragebogen.

Zusammenfassend läßt sich der Schluß ziehen, daß der rechte und linke Radikalismus nur dann zustande kommt, wenn mehrere Faktoren in Interaktion treten, die eine höchst komplexe Wechselwirkung hervorrufen. Jeder eindimensionale Erklärungsversuch, der beispielsweise nur die Verhältnisse an der Universität, familiendynamische Faktoren, die Schichtzugehörigkeit berücksichtigt, muß scheitern. Die Ergebnisse zeigen, daß die Motivation für den rechten und linken Radikalismus völlig verschieden ist.

Hier sollen die wichtigsten Ergebnisse noch einmal in Prozenten dargestellt werden:

	Linksradikale %	Rechtsradikale %
Emotionale Beziehung im Elternhaus		
Extrem betonte und idealisierte Liebe zu einem Elternteil/Familienmitglied	4,7	97,6
Gefühl, von einem Elternteil/Familienmitglied extrem geliebt zu werden	0	97,6
Ausgeprägter und dauerhafter Haß auf einen Elternteil	85,7	11,9
Frustration im Elternhaus		
Empfundene Dominanz durch einen Elternteil	96,4	36,9
Empfundene Behinderung durch einen Elternteil, einen anderen Elternteil zu lieben	8,3	82,1
Ungerechte Behandlung durch einen Elternteil	55,9	28,5
Gefühlsmäßige Abweisung und Ausstoßung durch einen Elternteil	79,7	1,2
Normative Erziehung im Elternhaus		
Erziehung zur strikten Einhaltung bürgerlicher Werte und Normen	4,7	98,8
In der Erziehung vermitteltes Gefühl von außerordentlicher persönlicher Wichtigkeit	5,9	98,9

	Links-radikale %	Rechts-radikale %
Möglichkeit, im Elternhaus Freiräume zu beanspruchen	85,7	5,9
Familienpsychopathologie		
Angenehme Identifikation mit einem Elternteil	2,3	77,3
Unangenehm empfundene Identifikation mit einem Elternteil	80,9	2,3
Bedrohte Wahrnehmung der eigenen Identität durch einen Elternteil	97,6	2,3
Ein Elternteil als Bedingung zur Erhaltung der eigenen Identität	1,3	100,0
Spezifisches Verhalten in sozialen Situationen		
Hypersensible Reaktion auf Zurückweisung im persönlichen und emotionalem Bereich	91,6	4,7
Hypersensible Reaktionen auf die Zurückweisung moralisch-normativer Orientierungen	2,3	98,8
Aggressionsbereitschaft bei Angriff auf die moralischen Grundwerte	1,1	95,2
Aggressionsbereitschaft auf Unterdrückung in sozial ungerechten Beziehungen	78,5	32,1
Entwicklung der ideologischen Einstellung		
Wunsch, die Erwartungen einer idealisierten Person zu erfüllen, durch politische Betätigung	2,3	61,9
Verhinderung der sozialen Tätigkeit durch gesellschaftliche Repräsentanten als Grund für die politische Betätigung	98,8	5,9
Ideologische Einstellung, politische Aktivität		
Tendenz, verschiedene Gruppen für die Verhinderung der Aufrechterhaltung	3,5	61,9

	Linksradikale %	Rechtsradikale %
einer befürworteten moralischen Ordnung verantwortlich zu machen		
Tendenz, den Menschen von bürgerlicher Moral und Kultur zu befreien	98,2	1,3
Angenommene Verbindung von Bolschewismus und Weltjudentum als Haupthindernis für die wirtschaftliche Entfaltung in Deutschland	8,3	65,4
Angenommene Verbindung von internationalen Monopolen mit dem sowjetischen „Sozialimperialismus“ als Mitursache für die unterdrückte Entfaltung des Menschen in der Bundesrepublik Deutschland	98,8	58,3
Sozio-ökonomischer Status		
Herkunft aus der Bildungsmittelschicht (beamtete, freiberufliche und angestellte Akademiker)	82,1	11,9
Herkunft aus dem Kleinbürgertum (selbständiges Handwerk, kleiner landwirtschaftlicher Betrieb, mittleres Unternehmen)	5,9	50,0
Herkunft aus Arbeiterfamilien (Facharbeiter, ungelernte Arbeiter)	0	10,7
Motivation zur politischen Gewaltanwendung		
Befürwortete Gewaltanwendung gegen Personen und Gruppen, denen unterstellt wird, die nationale Entfaltung des Vaterlandes zu verhindern	2,3	83,3
Befürwortete Gewaltanwendung gegen Personen oder Gruppen, von denen angenommen wird, daß sie die bürgerliche Kultur und Moral aufrechterhalten wollen	48,8	1,1
Gewaltbereitschaft aufgrund des Widerspruchs von politischer Einsicht und persönlichen Schwierigkeiten	94,0	1,1

	Links-radikale %	Rechts-radikale %
Gewaltbereitschaft aufgrund des Widerspruchs zwischen der persönlichen hohen moralischen Einschätzung und den angenommenen kulturellen Zerfallserscheinungen in der Gesellschaft	1,1	95,2

Dieser Artikel soll mit einem vorläufigen Ergebnis aus einer prospektiven Studie abgeschlossen werden. Meine Studien im Bereich der politischen Sozialpsychologie beruhen zum großen Teil auf der retrospektiven Methode, d. h., die Motivation für das politische Engagement wurde rückwirkend, nachdem die politische Einstellung schon zustande gekommen ist, erforscht. Obwohl ich davon ausgehe, daß die Motivation zu einem bestimmten politischen Engagement aus vielen Faktoren besteht, die sich zum Teil schon in der frühen Kindheit herausbilden, kann in retrospektiven Studien doch die Antwortstruktur durch aktuelle politische Einstellungen gefärbt werden. Somit könnte eine Motivation vorgetäuscht werden, die in der tatsächlichen Lebensgeschichte nicht existent war. Aus diesem Grunde habe ich 1968 einen sehr unvollständigen Versuch unternommen, eine prospektive Studie an 140 männlichen, apolitischen Studenten im ersten Studiensemester, im Alter von 19, 20 Jahren, durchzuführen. Im Jahre 1973 wurde die Population zum zweitenmal befragt. Drei Studenten wurden linksradikal, zwei rechtsradikal. Sechs Studenten haben zum Zeitraum der ersten Befragung alle Kriterien erfüllt, durch die linker bzw. rechter Radikalismus vorhergesagt werden könnte. Vier tatsächlich radikal gewordene Studenten befanden sich in dieser Gruppe. Die zwei linksradikalen Studenten erfüllten genau die Kriterien für den linken Radikalismus, die rechtsradikalen die Kriterien für den rechten Radikalismus. Ein linksradikaler Student antwortete entgegengesetzt den Vorhersagekriterien. Die Anzahl von 140 Befragten für eine prospektive Studie ist viel zu gering, die Auswahl war nicht repräsentativ. Trotzdem könnte sie als Motivation für eine größere prospektive Studie dienen. In der prospektiven Studie wurden keine ideologischen Kriterien angewandt, um der Gefahr aus dem Wege zu gehen, ideologische Einstellung mit ideologischer Einstellung vorherzusagen. Ansonsten deckt sich der Variablen- und Fragenkatalog mit dem der retrospektiven Studie.

In meinen Studien wird der Versuch unternommen, die idiographische und die nomothetische Methode zu vereinen, d. h., die statistische Auswertung mit der Einzelfallanalyse in Einklang zu bringen. Aus diesem Grund wird die Arbeit mit je einem Interview mit einem links- und einem rechtsradikalen Studenten abgeschlossen.

Interview mit einem linksradikalen Studenten:

(Erzählen Sie bitte über Ihre Eltern)
„Vater und Mutter sind mir irgendwie egal geworden, ich setze mich kaum noch mit ihnen auseinander. Der Vater tut zwar als Arzt seinen Scheiß, ist sonst denkfaul, stur bis dumm. Er gibt vor, sich mit studentischer Politik zu befassen, liest aber effektiv nur die Lokalpresse. Von der Mutter wurde ich zuerst mit Liebe überflossen. Sie war hysterisch und hat sich zunächst fürchterlich an mich gebunden. Später, als ich 15 Jahre alt war, aber auch schon früher, entzog sie sich häufig tagelang, ohne Erklärungen abzugeben. Dabei kam ich mir fürchterlich einsam und verlassen vor."

(Wie empfinden Sie die Mutter?)
„Ich bin sehr ähnlich in physiologischen und verhaltensspezifischen Merkmalen. Ich könnte heute noch erschrecken, wie ähnlich ich ihr bin. Zum Beispiel sind wir sehr ähnlich in der Art, die Gäste zu begleiten. Weil sie mich immer begleitet hat, begleite ich heute Genossen bis zur Straße. Oder wenn ich die Gäste bewirte, stelle ich alles zur Verfügung, so wie ich es von der Mutter gewöhnt war. Ich empfinde mich tagelang, als wäre ich die Mutter. Wenn ich daran denke, daß sich die Mutter entzogen hat, daß sie ein fürchterlich hysterischer Kleinbürger ist, werde ich meiner ganzen seelischen Identität beraubt. Das ist für mich sehr unangenehm und ich sage, nichts als raus! Heute hasse ich meine Mutter, obwohl ich weiß, daß ich von ihr nicht losgekommen bin. Das hat auf meine Sexualität fürchterlich negativ abgefärbt. Ich lehnte zwar die Mutter ab, wollte mit ihr nichts zu tun haben, bin aber von ihr nie richtig losgekommen. Ich sah auf Parties, daß Freunde Mädchen küßten, ich tat es nicht, konnte es nicht, ich konnte eng tanzen, getraute mich aber nicht zu küssen. Im Studium erfuhr ich die fürchterliche Autorität von Ordinarien. Außerdem war ein Professor sehr verlogen. Ich wollte mit

ihm über die gesellschaftlichen Ursachen von Krankheiten diskutieren. In dieser Zeit war ich noch fürchterlich unpolitisch. Als ich ihn fragte, ob niedrige Schichten häufiger krank werden, als die oberen Schichten, sagte er zu mir: ‚Wenn Sie hier mit der kommunistischen Ideologie ankommen möchten, sind Sie bei mir fehl am Platz.' Vorher hat mir dieser Typ furchtbar arschgeleckt, danach hat er meine kritischen Fragen als Ablehnung seiner Person gedeutet, am Ende drohte er mir mit der Polizei. Er hat einen anderen Professor angerufen, um mich schwarz zu machen. Diesem Professor gegenüber empfand ich monatelang Wut und Ekel. Ich habe begriffen, daß es keine gesamtgesellschaftlichen Interessen gibt, und daß die Professoren nur ihren eigenen Scheiß verteidigen und daß sie aggressiv werden, sobald einer theoretisch überfordert ist oder ihr enges Interesse nicht mehr gewahrt bleibt. Später kam ich mit vielen Genossen in Verbindung, die alle die gleiche Erfahrung machten: Hysterisch-bindende Eltern, die dich nach Belieben vernachlässigen. Danach machten wir alle die gleiche Erfahrung, daß Professoren unsere Fragestellung und Entfaltung verhindern und uns nur ihren eigenen Kram aufzwingen wollen. Zusätzlich kam die Erfahrung im SPK, daß sich die Professoren mit Staatsorganen verbinden. Sie haben versucht, jegliche Freiheit und jegliche Eigeninitiative, unsere Fragestellung und Aktivität zu verhindern. Mir wurde klar, daß die Gesellschaft, die Universität und die Familie ein einziger Scheißhaufen ist, der den Menschen in seiner freien Entfaltung verhindert. Die einzige Antwort ist der bewaffnete Kampf. Nur durch den bewaffneten Kampf ist es möglich, die Gesellschaft als faschistisch, die Familie als kleinbürgerlich und die Professoren als verlogen zu entlarven."

Interview mit einem rechtsradikalen Studenten (Kunstgeschichte, 26 Jahre alt):

(Erzählen Sie bitte über Ihre Eltern)
„Das ist sehr schwierig. Ein Außenstehender kann das schwer verstehen. Meine Mutter kann man mit einfachen Worten nicht beschreiben. Auch Superlativen reichen nicht aus, meine Mutter zu beschreiben. Worte wie herrlich, liebenswürdig, großzügig, immer die Ruhe und den Überblick bewahrend, Liebe ausstrahlend, alles umarmend, überall anwesend, jegliche Seele füllend. Das sind nur Worte, aber sie deuten die Beschreibung meiner Mutter an. Man kann wohl sagen, ich liebe meine Mutter über alles auf der Welt und

ich wäre natürlich äußerst glücklich, das steht ja nur zu hoffen, daß ich auch für meine Mutter die wichtigste Person bin."

(Wie ist Ihr Vater?)
„Mein Vater ist ein Patriarch und Despot. Typisch bürgerlich verklemmt. Jetzt meine ich bürgerlich im negativen und nicht im moralisch positiven Sinne. Er ist kleinlich, geizig und stellt trotzdem den Anspruch, die Mutter zu beherrschen. Er hat meine Mutter nie verdient. Ich tue mein Möglichstes, die Mutter dem Vater gegenüber in Schutz zu nehmen."

(Wie verhält sich der Vater Ihnen gegenüber?)
„Er ist CDU-Mitglied und versucht es mit mir auf eine pseudo-demokratische, parlamentaristische Art. Er meint, unter Männern müßte es doch möglich sein, die Macht und die Interessen aufzuteilen. Sein Lieblingswort ist Kompromiß, obwohl er alles andere als kompromißfähig ist. Ich habe dagegen die Erfahrung gemacht, daß ich mich am besten fühle, wenn ich Kampfbereitschaft zeige, meine echten Interessen vertrete, meine Gefühle vorbehaltlos zeige und das tue, was ich fühle und was ich denke, ganz egal, ob ich jemanden damit zu nahe trete. Ich weiß genau, daß ich meinen Vater verachte. Er ist ein schlechter Autofahrer, oft dachte ich, wie schön es wäre, wenn er einen Unfall erleiden würde. Dann wäre die Mutter endlich frei. Die Mutter ist ein höheres Wesen, sie hat hochausgeprägte Gefühle. Wenn dieser Elefant verschwinden würde, dann könnte ich mich ungestört der Mutter widmen. Manchmal dachte ich sogar, es wäre schön, wenn ich mit der Mutter für immer zusammenleben und das Studium aufgeben würde. Der Vater zwingt mich durch seine Anwesenheit und seinen permanenten Forderungen in die Opposition. Der Vater meint, er hat die rechte Ideologie gepachtet und fühlt sich mir gegenüber überlegen. Dabei merkt diese Sau nicht, daß sein kleines Vermögen und sein kleiner Betrieb gerade durch diesen Staat und gerade durch diese CDU, zu denen er sich hingezogen fühlt, durch die Fäulnis des Parlamentarismus, den er befürwortet, untergeht. Deswegen hasse ich jeglichen Kompromiß und das volksfeindliche und unmoralische parlamentarische Geschwätz. Das Volk hat eine gute und eine schlechte Seele. Die gute Seele heißt Nationalismus und bedeutet die Summe der positiven Eigenschaften der Nation, die jeder Mensch individuell erfahren kann."

(Wer verkörpert für Sie die positive Seele der Nation?)
„Im Privatleben sicher meine Mutter. Sie ist das Liebenswürdige und Erstrebenswürdige. Mit Sicherheit auch meine Verlobte, das ist eine hochmoralische und integre Persönlichkeit, strahlt Liebe und Güte aus. Leider ist sie mit meiner Mutter nicht vergleichbar. Das trifft mich aber nicht sehr. Ich wußte schon sehr lange, daß es für mich objektiv keine Frau geben kann, die mit der Güte und Ausstrahlung meiner Mutter vergleichbar wäre. Ich wohne mit meiner Verlobten schon drei Jahre zusammen, obwohl wir keinen Geschlechtsverkehr haben. Für mich wäre das höchst unmoralisch, mit einer Frau nur deswegen zu schlafen, um niedrige biologische Triebe zu befriedigen. Diese Einstellung unterscheidet sich mit Sicherheit von der Unmoral unserer Gesellschaft, die weitgehend vom Linksradikalismus infiziert ist. Es hat sich ja schon eine ganze pornographische Industrie entwickelt, die unmoralisches Verhalten suggeriert. Dabei wird nicht nur der Mensch entartet, auch die ganze Kultur und die Nation laufen Gefahr zu degenerieren. Ich vertrete eine radikale Auffassung von Moral: Laß Dich von Deinem Gefühl und Urinstinkt leiten und Du wirst sicher das Richtige tun. Ich glaube, da stimme ich mit meiner Mutter voll überein. Ich stand mit meiner Mutter noch nie in einem gefühlsmäßigen oder gedanklichen Gegensatz. Die unheimliche Verbundenheit mit meiner Mutter ist für mich ein Nationalerlebnis en miniature. Meine Mutter hatte schon immer die Fähigkeit, meinen Fleiß zu erkennen und sie hat mich schon als Kleinkind zum Großen ausersehen. Dies konnte auch mein Vater durch sein kleinkariertes Verhalten nicht verhindern."

(Was ist für Sie Nationalbewußtsein im alltäglichen Leben, in der Politik?)
„Davon kann leider heute noch nicht gesprochen werden. Die Ostdeutschen verkaufen ihr Nationalbewußtsein an den Bolschewismus, die Westdeutschen an die USA. Der Nationalismus wird im Parlamentarismus zerstückelt, durch die gesellschaftliche Unmoral und den Linksradikalismus vernichtet. Die größte Gefahr für ein Nationalbewußtsein in Deutschland ist der Bolschewismus und die Linksradikalen sind nur getarnte Bolschewisten und das internationale Judentum. Die Juden sind es doch wieder in Deutschland, die die ganze Sex-Industrie vorantreiben und die systematisch daran arbeiten, das Nationalbewußtsein auszurotten. Auch der Kapitalis-

mus muß von vernichtender Konkurrenz befreit werden. Das Volk und die Wirtschaft müssen einheitlich, ohne Widersprüche funktionieren. Es gibt nur ein Volk und ein gemeinsames Nationalinteresse, von daher kann es auch nur eine Partei geben. Diese Partei soll Elemente des Kapitalismus und des Sozialismus vereinen. Die Triebkraft dazu kann nur das Nationalbewußtsein sein. Ich halte die NPD als gefährlich liberalistisch, diese versucht nämlich, hohe nationale Ziele auf parlamentarischem Wege durchzusetzen. Ein Mehrparteien-System muß aber in Widerspruch mit der Einheit des nationalen Interesses geraten. Die größte Gefahr für ein großes befreites und moralisch hochstehendes Vaterland ist die Feigheit der Menschen, nach ihren Gefühlen und Interessen zu handeln. Es ist nun mal so, daß sich unser Volk, jetzt mal auf eine lange Perspektive hin gesehen, wieder kämpferisch mit den Bolschewisten in Deutschland, mit den Juden und anderen Kräften, die die moralische und nationale Einheit bedrohen, auseinandersetzen muß. Dazu sind die nationalen und internationalen Voraussetzungen sehr gut: Die meisten Staaten besinnen sich auf Nationalbewußtsein, das Wirtschaftswunder nimmt sein Ende. Immer mehr Menschen werden wirtschaftlich bedroht und für ihren Fleiß und ihre Mühe nicht belohnt. Das haben wir dem großkapitalistischen Streben des international verbundenen Judentums zu verdanken. Die Juden haben unsere Wirtschaft international verpflichtet und für den Nutzen des Bolschewismus freigestellt. Obwohl das fleißige deutsche Volk maßlos viel arbeitet, kann von einer nationalen Wirtschaft nicht mehr gesprochen werden. Unsere Wirtschaft ist restlos ausverkauft. Eine zweite Hetze, die besonders vom amerikanischen Judentum her stammt, ist die Einführung der sogenannten Rationalisierung. Um den kapitalistischen Profit zu steigern, werden immer mehr neue Maschinen eingeführt, die die menschliche Arbeitskraft unnötig machen.“

(Welche Chancen sehen Sie für Ihre politische Auffassung?)
„Eines Tages werden wir viele Arbeitslose haben. Viele kleine Betriebe werden in Konkurrenz mit dem von Juden gesteuerten Großkapital vernichtet. Viele Menschen werden dann erkennen, daß sie mehr sind als angenommen und zu einem echten Nationalbewußtsein fähig werden. Und dann muß der Kampf für die nationale Befreiung gegen die kommunistische und jüdische Infiltration beginnen. Dasselbe Problem werden Italien, England und andere Länder

haben. Wir Deutschen werden diesen Ländern in der Organisation des Nationalbewußtseins voraus sein. Wir werden wahrscheinlich in die Lage kommen, diesen Ländern zu helfen, mit ihren inneren Feinden fertig zu werden. Wir haben ja die gleichen inneren Feinde. Da der Kommunismus in diesen Ländern aber stärker ist als in Deutschland, benötigen diese Länder unsere Hilfe. Wir werden für diese Länder eine Art Vorbild sein."

(Wie stehen Sie zum Dritten Reich und Hitler?)
„Moralisch und politisch war uns das Dritte Reich überlegen. Hitler war der größte deutsche Politiker, hatte aber auch einige Fehler. Deswegen kann er nicht vorbehaltlos zum Leitbild erhoben werden. Sein schlimmster Fehler war der, daß er andere Nationen versklaven wollte. Wir gehen davon aus, daß sich jeder Staat in seinem Nationalbewußtsein entfalten soll, obwohl wir wissen, daß es biologisch höher- und minderwertige Rassen gibt. Wir glauben an die Hierarchie des Nationalwertes und meinen, eine höherwertige Rasse hat noch lange nicht das Recht, eine minderwertige Rasse auszubeuten. In diesem Fall glauben wir an echte Leistung und an Leistungsausgleich: die höherwertige Rasse wird eben wirtschaftlich besser leben und eine vorbildliche Kultur entwickeln."

(Warum stellen Sie Ihre politische Meinung nicht öffentlich zur Diskussion?)
„Das wäre so, als wenn Sie einen noch nicht reifen Apfel vom Baum pflücken würden. Außerdem weiß jeder im Volk Bescheid, sie müssen nur mit den Menschen sprechen. Dadurch unterscheiden wir uns von den Linksradikalen, die ja keiner versteht. Ich glaube, auch in vielen jungen Leuten steckt das richtige Nationalbewußtsein, man muß es nur wecken. Das geht aber nicht durch öffentliche Diskussion, das ist ein Erfahrungsprozeß, der sich in kleinen Gruppen abspielt."

(Warum setzen Sie sich für eine nationale Politik ein?)
„Ich spüre in mir den Widerspruch zwischen meiner moralischen Berufung und dem minderwertigen Verhalten der Politiker im Alltag. Ich bin heute soweit, daß ich glaube, nur durch Gewaltanwendung im passenden Augenblick kann unser Vaterland noch gerettet werden, und dieser Augenblick kommt mit Sicherheit."

(Ist Ihr politisches Engagement auch durch persönliche Schwierigkeiten bestimmt?)
„Ich habe keine persönlichen Schwierigkeiten, da müssen Sie sich an die Kommunisten wenden.“

Terrorismus: Der „Wahn" der Gesunden

von Wolfgang de Boor

Jeder psychiatrisch geschulte Arzt, der das Verhalten von Terroristen – sei es in einer Haftanstalt oder bei einer Gerichtsverhandlung – unmittelbar beobachten kann, erkennt unschwer, daß es sich nicht um psychisch kranke Personen handelt. Die Terroristen sind nicht seelisch krank, wenn man bei ihrer ärztlichen Beurteilung von den Krankheitseinheiten der psychiatrischen Systematik ausgeht. Nach der geltenden wissenschaftlichen Terminologie wird man sie als abnorme Persönlichkeiten, als Psychopathen, bezeichnen. Leitphänomene ihres abnormen Seelenlebens sind ihr Fanatismus, ihre Geltungssucht, ihr Mangel an Gemüt, ihre Gefühlsarmut. Ihre intellektuelle Begabung steht außer Zweifel. Auch andere Begriffe können benutzt werden, um die soziale Fehlentwicklung zu charakterisieren: man spricht von abnormen Erlebnisreaktionen oder von abnormen (neurotischen) Persönlichkeitsverformungen. Diese Begriffe werden aber in ihrer abstrakten Blässe der sozialpathologischen Dynamik und politischen Sprengkraft des Terrorismus nicht gerecht. Die genannten Begriffe reichen zwar für die diagnostische Beurteilung der Abnormen, die die Praxis des Psychiaters aufsuchen, völlig aus. Diese Terminologie eignet sich aber nicht für die begriffliche Fassung, für das ‚Begreifen' eines in dieser Form und Intensität bisher unbekannten und wissenschaftlich noch unbenannten Phänomens. Die Behauptung, daß es sich lediglich um ein paar Psychopathen oder Neurotiker handele, denen es gelang, wiederholt die Spitze der Exekutive der Bundesrepublik in funktionsfremde Aufgaben zu zwingen und riesige Aufgebote an Polizei und Grenzschutz zu mobilisieren, kann den Psychiater nicht überzeugen, der psychopathische oder neurotische Menschen aus seiner täglichen Praxis kennt. Er weiß, wie minimal, wie eng begrenzt das individuelle Veränderungspotential dieser Menschen ist, deren Hauptsorge darin besteht, mit sich selbst und mit den Aufgaben des Alltags einigermaßen zurecht zu kommen. Für spektakuläre Aktivitäten fehlen ihnen immer die außergewöhnlich starken psychischen Kräfte, die Voraussetzung für Aktionen dieses Umfangs sind. Es muß also noch etwas anderes geben, es muß ein bisher noch nicht identifizierter seelischer Faktor X vorhanden sein, der dazu führte, daß sich die Terroristen-Psyche mit ihren in diesem Ausmaß bisher unvorstellbaren Darstellungsformen entwickeln konnte. Diese, für die Entstehung des Phänomens denknotwendige Voraussetzung ist *nicht* in den Milieubedingungen zu finden. Soziologen[1] und Politologen suchen die Ursache für den Terrorismus generalisierend in den aktuellen Gegebenheiten der Gesellschaft. Es werden auch speziellere Hypothesen gebildet: Die Staatsform, die Kirchen, die Universitäten, das Wirtschaftssystem, die internationale Lage sollen die Bildung einer aggressiv-destruktiven Verfassung verursachen, die schließlich zum Terrorismus führt. Im Gegensatz zu dieser Auffassung sieht der Psychiater die Ursache für die Entstehung der Terroristen-Psyche in der individuellen geistig-seelischen Beschaffenheit, die den Träger des latenten oder manifesten Terrorismus charakterisiert. Läge die entscheidende Ursache für die Entwicklung des Terrorismus-Phänomens in den angeführten Umweltbedingungen, die unter Einbeziehung der Familienstruktur und anderer, mikrosoziologischer Faktoren noch ergänzt werden könnten, so hätten sich – bei der überwiegenden Gleichheit der äußeren Bedingungen vor allem im makrosoziologischen Bereich – Hunderttausende frustrierter und unter den Zwängen der angeblich repressiven Gewalt unserer Gesellschaft leidender Schüler, Lehrlinge und Studenten zu Terroristen entwickeln müssen. Die Wirklichkeit zeigt, daß dies nicht geschehen ist. Der harte Kern der Terroristen beträgt 50, 60 oder 70 Personen. Es gilt daher, die speziellen Voraussetzungen zu klären, die dazu führten, daß sich bei annähernd gleichen Umweltbedingungen nur extrem selten eine Terroristenmentalität entwickelte, während Millionen ihr Leben in normenorientierter Weise führten. Diese Tatsache zwingt dazu, den Schwerpunkt der Terrorismusforschung auf die Untersuchung der individuellen Psyche zu verlagern. Für diese Aufgabe sind Psychiatrie, Psychologie und Tiefenpsychologie zuständig.

[1] Der Züricher Soziologe *G. Schmidtchen* meint zu den Versuchen, das Auftreten des Terrorismus aus den politischen und sozialen Gegebenheiten zu erklären, sie läsen sich „wie eine Bankrotterklärung der Soziologie“ (FAZ vom 5. Dezember 1977).

Hier ist zunächst die Frage zu prüfen, ob man die psychische Verfassung der Terroristen nicht präziser beschreiben kann; denn der Informationsgehalt der oben genannten Termini ist zu allgemein; sie gelten zudem auch für alle anderen, nicht krankheitsbedingten seelischen Veränderungen, die ohne Einfluß auf das Sozialverhalten ihrer Träger bleiben. Über die Entstehungsbedingungen sagen diese Bezeichnungen nichts aus. Die Essenz, das Eigentliche der Terroristenpsyche wird mit dieser Terminologie eher verdeckt als enthüllt.

Die Erforschung der Merkmale der Terroristenpsyche hat aber nicht nur eine allgemeine, wissenschaftlich-abstrakte Bedeutung. Diese Aufgabe wird bei der psychiatrischen Untersuchung und Begutachtung von Menschen, die sich wegen politisch motivierter Delikte zu verantworten haben, aktuell. Das Gericht erwartet vom Psychiater konkrete Befunde und realitätsnahe Einsichten in die psychische Verfassung der Täter zur Tatzeit. Der Sachverständige soll dem Gericht mitteilen, „wie es zur Tatzeit im Inneren des Angeklagten aussah und welche Erfahrungen die ärztliche Wissenschaft und Praxis mit der Einsichtsfähigkeit und dem Hemmungsvermögen von Menschen gemacht hat, in denen es so aussieht, wie es bei dem Angeklagten zur Tatzeit der Fall war[2]". In dieser Situation befand ich mich, nachdem mich das Oberlandesgericht Düsseldorf im April 1976 beauftragt hatte, die vier überlebenden Attentäter auf die Deutsche Botschaft in Stockholm zu untersuchen. Hier ergab sich die Möglichkeit, tiefergehende Einblicke in die Struktur, aber auch in die Entstehungsbedingungen des Phänomens ‚Terrorismus' zu gewinnen. Die Untersuchungen sind allerdings durch die hartnäckige Weigerung der Angeklagten, an den Explorationen teilzunehmen, außerordentlich erschwert worden. Als führende Erkenntnisquelle mußte die Verhaltensbeobachtung (Mimik, Gestik, Motorik) genügen. Schwierigkeiten ähnlicher Art entstehen gelegentlich auch bei der Untersuchung von autistisch-mutistischen Wahnkranken, die sich gegen alle verbalen Kontakte sperren. Die sprachlichen Äußerungen der Untersuchten waren minimal, sie beschränkten sich auf kurze aggressive Formeln und Verbalinjurien. Allerdings gaben sie dadurch zu erkennen, daß sie den Sinn der Besuche erkannt hatten und zu *nicht*verbalen Willenserklärungen imstande waren. Daher

[2] BGH StR 5. Senat 461/61. Urteil vom 14. November 1961. Veröffentlicht in Goltdammers Arch. 1962, S. 116.

waren forensische Aussagen über die Prozeßfähigkeit möglich; sie wurde – ebenso wie die ‚Verhandlungsfähigkeit‘ – uneingeschränkt bejaht. Über die ‚Schuldfähigkeit‘ der Angeklagten im Sinne der §§ 20 und 21 StGB konnte jedoch zum damaligen Zeitpunkt keine Stellungnahme abgegeben werden, da das empirische Material zu dürftig war und das terminologische Instrumentarium zur Charakterisierung der Terroristen-Psyche noch nicht zur Verfügung stand. Psychopathische Persönlichkeiten werden nach dem geltenden Recht im Prinzip als rechtlich voll verantwortlich angesehen. Die Stockholmer Attentäter wurden daher wegen gemeinschaftlich begangenen Mordes zu lebenslangen Freiheitsstrafen verurteilt. Die Urteile sind inzwischen vom Bundesgerichtshof bestätigt worden.

In der Öffentlichkeit wird oft von den Wahnsinnstaten der Terroristen gesprochen und geschrieben, vom Irrsinn ihrer Ziele, von ihrer fanatischen Besessenheit, Verblendung, Verrücktheit, kurz von seelischen Abartigkeiten, die – für den Laien – Beziehungen zur Geisteskrankheit haben. Bezeichnungen dieser Art zeigen, daß man die Psyche der Terroristen ‚psychiatrienah‘ beurteilt. Offensichtlich hegen die Angeklagten ähnliche Vermutungen. Die konsequente Verweigerung einer psychiatrischen Untersuchung ist ein Indiz für ihre Angst vor der Analyse ihres seelischen Zustandes. Sie befürchten nichts mehr als eine Beurteilung ihrer psychischen Verfassung nach psychiatrischen Kriterien und die damit verbundene Schmälerung oder Auslöschung ihres Nimbus als idealistische Freiheitskämpfer.

Die psychiatrische Analyse der Täter läßt jedoch, wenn man die Fakten ihrer Biographie miteinbezieht und ihre umfangreichen Schriftsätze auswertet, eine Zuordnung der von ihnen gezeigten Phänomene zum klinisch-manifesten Wahn nicht zu. Allenfalls kann man, wie es *Thomä*[3] in einem Gutachten über Mitglieder des Heidelberger Sozialistischen Patientenkollektivs formuliert hat, von ‚wahnähnlichen Utopien‘ sprechen. Noch weiter geht der Ausdruck ‚wahnanaloges Verhalten‘. Die Ergebnisse der vorläufigen diagnostischen Zuordnungsversuche zeigen, daß eine klare Abgrenzung zum klinischen Wahn notwendig ist. Die Motive für die abnormen Handlungen der Terroristen – sie sind zunächst das wichtigste Indiz

[3] *Thomä, H.:* Gutachtliche Stellungnahme über das Sozialistische Patientenkollektiv Dr. Huber vom 9. 9. 1970. Unveröffentlichtes Manuskript.

für ihre psychische Verfassung – zwingen zur Prüfung der Frage, ob und gegebenenfalls welche Beziehungen zu solchen Motiven bestehen, die zweifelsfrei aus der Wahnwelt psychisch Kranker stammen. Es ist daher naheliegend, die üblicherweise zur Wahndiagnostik benutzten Kriterien bei der Prüfung der psychischen Funktionen, vor allem der Bewußtseinsinhalte von Terroristen, zu benutzen.

Das beherrschende Thema, das ihr Bewußtsein ausfüllt und Ursache ihrer Gewalttaten ist, kann – nach Auswertung aller in dem Gerichtsverfahren gemachten schriftlichen und mündlichen Äußerungen – folgendermaßen formuliert werden: „Die Bundesrepublik ist ein monopolkapitalistischer Unrechtsstaat, in dem die Arbeiterklasse unterdrückt, versklavt, ausgebeutet, gequält und seelisch mißhandelt wird. Der Terror des Staates kann nur durch Gegenterror gebrochen werden. Der Staat, der als Marionette des US-Imperialismus und Erfüllungsgehilfe des US-Geheimdienstes verkannt wird, muß vernichtet werden.“ In der Haft wird dieser Leitgedanke weitergeführt: die Häftlinge sehen sich als ‚Kriegsgefangene‘ an, sie klagen über die Fortsetzung der seelischen Mißhandlungen, die den suggestiven Namen ‚Isolationsfolter‘ tragen.
Die Vernichtungsstrategie richtet sich gegen führende Repräsentanten des verhaßten Systems, aber auch gegen Randfiguren (Polizisten) sowie völlig Unbeteiligte.

Wendet man nun die seit *Jaspers* (1946, 80) üblichen Kriterien zur Wahndiagnose auf den oben formulierten, zentralen Bewußtseinsinhalt an, so sind folgende Fragen zu klären:

I. Haben die Terroristen die unumstößlich subjektive Gewißheit von der Richtigkeit ihrer Kerngedanken?
II. Ist das zentrale Thema durch Erfahrungen, Vergleiche und logische Schlußfolgerungen völlig unbeeinflußbar?
III. Sind die Denkinhalte unsinnig, absurd und bezüglich ihres materiellen Gehalts unmöglich?

Zu I.
Die unerschütterliche Gewißheit von der Richtigkeit und damit von der Notwendigkeit der Verwirklichung der Leitgedanken ergibt sich aus der Tatsache der vielfachen Gewaltakte. *Fetscher* (1977, 104 ff.) weist in seiner Statistik der politisch motivierten Verbrechen in den Jahren 1967 bis 1977 auf 52 Einzeltaten hin. Der Terror forderte in

diesem Zeitraum 23 Todesopfer. Diese Tatsachen erlauben nur den einen Schluß: Es besteht eine absolute Gewißheit von der Richtigkeit des Leitgedankens und von der Notwendigkeit der Verwirklichung der im Leitsatz formulierten Ziele. Kein Mensch begibt sich in derart extreme, das eigene Leben gefährdende Situationen, wenn er nicht von der Wahrheit seiner Gedanken unumstößlich überzeugt ist. Der Zwang zum Handeln ist Indiz für den Absolutheitsanspruch des Leitgedankens. Das Wahnkriterium I ist damit voll erfüllt.

Zu II.
Die Terroristen sind unbeeinflußbar. Sachliche Argumente – etwa für die Notwendigkeit der Untersuchung zur Klärung der Frage der Verhandlungsfähigkeit oder zur Feststellung von Isolationsfolterschäden – prallen ebenso ab wie die Versuche einer emotionalen Ansprache oder der Appell an die Einhaltung von Grundnormen im zwischenmenschlichen Bereich. Sie mauern sich in ihre Schein-Welt ein und wehren jeden Annäherungsversuch der Außenstehenden haßerfüllt ab –. Das Phänomen der ‚Mauer‘, der ‚gläsernen Wand‘ zwischen Arzt und inhaftierten Terroristen gehört zu den stärksten Eindrücken meiner Gutachtertätigkeit im Stockholmprozeß. Auch hier zeigen sich Parallelen zur Diagnostik in der klinischen Psychiatrie. Ähnliche Eindrücke hat man dort allerdings nur bei der Begegnung mit aggressiv-gesperrten Wahnkranken. Aus der Summe aller negativen Erfahrungen bei der Kontaktaufnahme und den erfolglosen Bemühungen, Einfluß zu nehmen, kann nur der Schluß gezogen werden, daß auch das Kriterium II – die Unbeeinflußbarkeit – in vollem Umfang gegeben ist.

Zu III.
Ein kritischer Blick in die soziale und rechtliche Wirklichkeit der Bundesrepublik genügt, um einen realistisch denkenden Menschen von der Unmöglichkeit und Unhaltbarkeit des Inhalts des terroristischen Zentralgedankens zu überzeugen. *Rapp* (1977) bezeichnet die Behauptungen gewisser Politiker, Professoren und Poeten über den Aufstieg der Bundesrepublik aus „Tränen, Armut, aus dem Elend der Katastrophe“ (1945) als „schwarze Legende“, als „Zerrbild“ der Wirklichkeit.

Wäre die Lage der Arbeiterklasse – falls es sie überhaupt noch gibt nach der gängigen Definition – bei uns so unerträglich, dann könnte die Bundesrepublik nicht so attraktiv für die Einwohner bestimmter Staaten sein, die rigorose Mittel anwenden müssen, um ihre Bürger von der Flucht in die Bundesrepublik abzuhalten. Aber auch die Ergebnisse der Wahlen zeigen, daß die Bürger unseres Landes mit dem demokratischen Gesellschaftssystem einverstanden sind und extremistische Gruppen ablehnen. Von der Absurdität der Ansichten über die reale Situation in unserem Land konnte ich mich – gleichsam paradigmatisch für alle anderen Mißdeutungen und Verkennungen der Realität – im Stockholm-Prozeß durch ein „Argument" überzeugen, das Rechtsanwalt Dr. *Croissant* zur Begründung seines Antrages auf meine Ablehnung als Sachverständiger wegen Besorgnis der Befangenheit vortrug. Er stellte die Behauptung auf, daß das von mir geleitete Institut für Konfliktforschung vom amerikanischen Geheimdienst finanziert würde; somit sei mit einem unabhängigen Gutachten nicht zu rechnen, da ich ja die Interessen meiner amerikanischen Auftraggeber vertreten müsse. Faßt man alle Umstände zusammen, die sich auf die Unmöglichkeit des Inhalts des Leitgedankens beziehen, so ergibt sich zwingend, daß auch das III. Kriterium der Wahndiagnostik erfüllt ist. Die Anwendung der Kriterien zeigt, daß eine rein formale Analyse der thematischen Kernsätze keine Unterschiede zwischen klinischem (schizophrenem) Wahn und der Wahn-Welt der Terroristen ergibt. Sind die Terroristen also doch Wahnkranke?

In der psychiatrischen Diagnostik wird – bei der Analyse besonders schwieriger Fälle – oft ein weiteres Kriterium benutzt. Es handelt sich um das Hilfsmittel der Einfühlung. Einfühlbarkeit ist mit Nachvollziehbarkeit der psychischen Akte des Patienten fast identisch. Wo die Einfühlbarkeit fehlt, fängt nach *Jaspers* (1946, 483 ff.) das pathologische Seelenleben an, dessen Phänomene nicht mehr verstanden, sondern nur noch durch kausale Prozesse erklärt werden können. Bei den inhaltlichen Denkstörungen liegt die diagnostische Bedeutung der Einfühlung vor allem bei dem Versuch, überwertige Ideen von echtem Wahn zu trennen (*Berner* und *Naske* 1973, 109). Das Ergebnis der Einfühlung in die Terroristen-Psyche ist jedoch zwiespältig. Die erbarmungslose Art des Tötens – etwa die stündlich exakten Erschießungen der Botschaftsbeamten in Stockholm – ist für den psychisch Gesunden uneinfühlbar. Das Nachvollziehen der seelischen Akte, die schließlich zum Mord führten, wird noch schwieriger, wenn man davon ausgeht, daß die Terroristen ursprünglich sozial intakte Menschen waren, die die Grundregeln menschlichen Zusammenlebens in ihren bürgerlichen Kinderstuben gelernt hatten. Irgendwann muß daher ein Grundwerte zerstörender psychischer Prozeß begonnen haben. Ähnliche Vorgänge, die Erosion von Basiswerten und Umkehrung der verhaltensbestimmenden Lebensprinzipien, sieht man sonst nur bei bestimmten Formen der Schizophrenie, die wegen ihres schleichenden Beginns in den Jahren nach der Pubertät als Hebephrenie bezeichnet werden. Fassen wir die Ergebnisse der bisherigen Analyse – analog zum Vorgehen bei der Schizophreniediagnostik – zusammen, so muß man sich für die Annahme wahnverwandter psychischer Prozesse bei den Terroristen aussprechen. Aber sind die Terroristen damit Wahn-Kranke, genauer Patienten, die an einer atypischen Form von Schizophrenie leiden? Wie in den einleitenden Sätzen hervorgehoben wurde, erkennt jeder auch nur einigermaßen psychiatrisch geschulte Arzt nach kurzer Beobachtungszeit, daß es sich bei den Terroristen *nicht* um Wahn-Kranke handelt. Die zentrale Thematik ihrer Bewußtseinsinhalte ist daher nicht dem klinischen Wahn zuzuordnen. Wie ist diese klare diagnostische Entscheidung möglich, wo doch die Wahnkriterien und die mißlungene Einfühlung für die Existenz, wenn nicht von Wahn, so doch von wahnanalogen psychischen Prozessen sprechen? Für Fragestellungen dieser Art hat der holländische Psychiater *Rümke* (1967, 205 ff. und 220) ein überaus brauchbares diagnostisches Hilfsmittel zur Verfügung gestellt, das von vielen Psychiatern bei der Entscheidung Wahn oder Nicht-Wahn benutzt wird. Es handelt sich um das sog. Praecox-Gefühl oder Praecox-Erlebnis[4], das nur bei schizophrenen Patienten entsteht, bei allen anderen Menschen mit auffälligen, aber eben nicht schizophrenen seelischen Veränderungen fehlt. *Rümke* schrieb über den Wert dieses Phänomens:

[4] Die ‚Schizophrenie' (*E. Bleuler*, 1911) hieß früher ‚Dementia präcox'. Der Psychiater *Kraepelin* faßte in diesem Begriffe alle sehr frühzeitig (präcox) einsetzenden und unheilbaren Verblödungsprozesse zusammen. Schizophrene haben – sehr oft, aber nicht immer – eine höchst eigentümliche ‚Ausstrahlung', eine Art besonderer psychischer Aura. Diese psychische Qualität wird oft auch von den Laien bemerkt. In der klinischen Psychiatrie bezeichnet man dieses spezifische, diagnostisch wichtige Phänomen als „Präcox-Gefühl". Dieses ‚Gefühl' trügt – wie fast alle ‚Gefühle' – nahezu nie. Es entzieht sich aber – wie alle Gefühle – der begrifflich exakten Beschreibung.

„Was mir klinisch am meisten geholfen hat, ist folgendes: praktisch lasse ich mich führen von dem im Untersucher entstehenden ‚Praecoxgefühl', vielleicht besser gesagt ‚Praecoxerlebnis'; denn es ist kein echtes Gefühl." Nur ein sehr erfahrener Untersucher kann sich dieses Kompasses bedienen. Wird dieses Gefühl nicht bei mir geweckt ... dann sträube ich mich so lange wie nur möglich gegen die Diagnose „echte Schizophrenie". Das Praecox-Erlebnis blieb bei den Begegnungen mit den Stockholmer Attentäter völlig aus. Es fehlte die unverkennbare schizophrene Ausstrahlung. Daher konnte die Diagnose Schizophrenie ausgeschlossen werden, obwohl die Wahnkriterien erfüllt waren und eine Einfühlung in diese Quasi-Wahnwelt mit ihren gravierenden sozialen Auswirkungen unmöglich war.

Es muß sich also um einen psychischen Prozeß anderer Art handeln, um Phänomene, die zwar in die Nähe des Wahns zu lokalisieren sind, aber nicht als schizophrener Wahn verkannt werden dürfen. Diese klare Abgrenzung ist vor allem für die Beurteilung der rechtlichen Verantwortlichkeit von entscheidender Bedeutung. Bei der Beschreibung und begrifflichen Zuordnung der Denkinhalte bietet sich der Terminus der „überwertigen Idee" an, den *Carl Wernicke* (1892, 581) 1892 geprägt hatte. Er wollte damit wahnähnliche Bewußtseinsinhalte kennzeichnen, die unkorrigierbar sind, mit starkem Affekt vorgetragen werden und das Sozialverhalten ihrer Träger, bei im übrigen intakter Psyche, entscheidend veränderten. *Wernicke* war von der Unheilbarkeit, der Irreversibilität überwertiger Ideen überzeugt. Die überwertigen Ideen stehen als diagnostische Kategorie zwischen den affektgetragenen akuten Gewißheitserlebnissen psychisch Gesunder (Beispiel: religiöse Bekehrungserlebnisse) und dem klinischen, meist schizophrenen Wahn zur Beschreibung abnormer Seelenvorgänge in der Grenzzone zwischen ‚gesund' und ‚krank' zur Verfügung.

Die Bedeutung überwertiger Ideen für das Schicksal des einzelnen wie auch ganzer Völker ergibt sich – paradigmatisch – aus dem Studium der Biographie von Hitler. Er war von der Idee besessen, daß die Juden am Unglück des deutschen Volkes schuld seien und daher ausgerottet werden müßten. Der Antisemitismus und die aus ihm abgeleitete Untermenschen-Hypothese liefert ein überzeugendes, jeden Zweifel ausschließendes Beispiel für die Prägekraft überwertiger Ideen. Sie können nicht nur die beim einzelnen Staatsbürger vorhandenen, tradierten Werte und Hemmungsmechanismen zerstören, sondern einen ganzen Staat ruinieren, wie das Schicksal des Deutschen Reiches beweist, das seit 1945 nicht mehr existiert. Ein fürwahr epochales Resultat der überwertigen Idee eines einzigen Mannes (!). Wie unbeirrbar fest diese zentrale Idee im Bewußtsein von Hitler verankert war, zeigt sich in seinem Testament, in dem er die Staatsführung eines schon fast nicht mehr bestehenden Staates zu erbarmungslosem Kampf gegen das Judentum verpflichtet. Die (überwertige) Antisemitismus-Idee offenbart auf dem Prüfstand der Wahnkriterien von *Jaspers* in allen 3 Bereichen ihren Charakter als Wahnidee. Aber es ist der Wahn eines – nach klinisch-psychiatrischen Kategorien – gesunden Mannes. Die Diagnose Schizophrenie ist bei Hitler nie gestellt worden[5]. Unter den zahlreichen psychiatrischen Diagnosen, mit denen Hitlers Geisteszustand charakterisiert wurde, findet sich auch folgende Formulierung: „Er war von der überwertigen Idee ‚Großdeutschland‘ besessen“ (1967, 382). Es ist rätselhaft, warum sich die Psychiatrie des 20. Jahrhunderts nicht systematischer für die geschichtlichen Auswirkungen überwertiger Ideen interessiert hat; denn außer dem Nationalsozialismus trägt auch der Kommunismus Züge überwertiger Ideen. Nur so ist die Ermordnung von Millionen Menschen („Putativ-Feinden“) im Verlauf der russischen Revolution zu erklären. Bei Stalin ist das Leitsystem überwertiger Ideen allerdings in seinen letzten Lebensjahren in klinischen Verfolgungswahn[6] übergegangen, eine Entwicklung, die bei Hitler nicht zu beobachten war, mögen auch paranoide Ängste und megalomane Züge[7] bestanden haben. Das 20. Jahrhundert ist, zunächst in Europa, später auch in Ostasien, entscheidend von Poli-

[5] *Huber* erwähnt Hitler bei seinen Ausführungen über die „absolut gesetzten überwertigen Ideen“. Kampffanatiker – wie Hitler – haben ein „unbeirrbares und für jede Kritik unzugängliches messianisches Sendungs- und Heilsbewußtsein ...“ (*Huber* 1976, 208).

[6] Aus der Stalinbiographie seiner Tochter *Swetlana* ergibt sich, daß *Stalin* selbst Familienangehörige und engste Freunde verhaften, verschleppen und töten ließ, wenn er sich durch sie gefährdet wähnte. „Überall sah er Feinde. Das war bereits pathologisch, eine Art Verfolgungswahn, entstanden aus seiner Vereinsamung und inneren Leere“ (*Swetlana:* 1967, 276).

[7] Über die Beziehungen von pathischem Lebensgefühl (L. *Klages,* 1926), Sendungsbewußtsein und Megalomanie (vgl. *Avenarius* 1978, 50, 51).

tikern mit überwertigen Ideen geprägt worden. Die Ereignisse der letzten Jahre, der Terrorismus in der Bundesrepublik und in anderen europäischen Ländern, muten jedoch im Vergleich zu den Folgen der großen Ideologie-Beben der Vergangenheit wie historisch bedeutungslose Nachbeben an. Aber das Prinzip ist identisch: Der irrationale Haß gegen Feinde, die nur in der Einbildung existieren und der Entschluß, diese Feinde zu vernichten. Bei Hitler waren es Juden und – subsidiär – Bolschewiken, bei Stalin die Konterrevolutionäre und – subsidiär – die Juden, bei den Terroristen unserer Tage sind es die US-Imperialisten und Monopolkapitalisten. Die Dimensionen der Kämpfe sind nur darum so verschieden, weil den Terroristen die Vernichtungsmittel der Diktatoren glücklicherweise nicht zur Verfügung stehen. Soweit zur Rolle der überwertigen Idee in der Geschichte.

Der Begriff der überwertigen Idee wird nicht einheitlich definiert. *Haring* und *Leickert* (1968, 578) schreiben im Wörterbuch der Psychiatrie: „Das durch eine starke Affektbesetzung bedingte abnorme Überwiegen einer einzigen Vorstellung, durch das das Gleichgewicht zwischen den Vorstellungen (Zielen, Strebungen) verschoben wird, so daß nur noch der *eine* Gedanke verfolgt wird und alle Gegenvorstellungen, evtl. sogar unter Inkaufnahme von Nachteilen (Isolierung, Anfeindung), beiseite geschoben werden.“ *Weitbrecht* (1963, 31) interpretiert die überwertige Idee mit folgenden Worten: „Die überwertige Idee ist stets katathymen Ursprungs. Das ganze Denken wird ausschließlich in den Dienst katathymer Bedürfnisse gestellt. In bestürzender Weise geht jede selbstkritische Distanzierung verloren. Es kommt zu einer zunehmenden Einengung und förmlichen Verstümmelung der Entscheidungs- und Handlungsfreiheit.“ Unter Katathymie versteht man die Umbildung seelischer Inhalte unter der Wirkung starker Affekte (H. W. *Maier* 1912, 555). *Witter* (1972, 470) handelt die überwertigen Ideen im Kapitel ‚Wahn‘ bei den Vorstufen der psychopathologischen Wahnphänomene ab: „Je stärker, nachhaltiger und unbeirrbarer solche Urteilsbildungen trotz ihres offensichtlichen Widerspruches zur empirischen Realität festgehalten werden, desto näher werden sie dem Phänomen rücken, welches wir Wahn nennen. Man kann so eine progressive Reihe bilden, die vom ‚Irrtum‘ über das ‚Vorurteil‘ zur ‚überwertigen Idee‘, von dort zur ‚wahnähnlichen Reaktion‘ und schließlich zum ‚Wahn‘ selbst reicht.“

Bei den überwertigen Ideen kann man, je nach den Auswirkungen der Denkinhalte auf das Sozialverhalten ihrer Träger, 3 Gruppen unterscheiden:

I. Die sozial positiven überwertigen Ideen

(Beispiel: Erfinder, Forscher, Mitglieder bestimmter Sekten.) Hier wird grundsätzlich eine soziale Leistung, die Schaffung eines Wertes für einzelne oder für die Gemeinschaft angestrebt. Die gesetzlichen Normen bilden eine unübersteigbare Grenze für die Ausweitung, für den Exzeß der Aktivität bei der Verwirklichung des Leitgedankens.

II. Die sozial neutralen überwertigen Ideen

Hier sind wertorientierte Akzente nicht erkennbar. Die Idee konkretisiert sich im persönlichen Bereich ohne Nutzen, aber auch ohne Schaden für andere. Normen werden nicht verletzt. (Beispiele: der fanatische Sammler, der exzessive Spieler, soweit er keine Eigentumsdelikte zur Befriedigung des Spieltriebs begeht; einige Formen von Alpinismus.)

III. Die sozial negativen überwertigen Ideen

Der beherrschende Gedankeninhalt ist nicht wertneutral, er zielt nicht auf die Verwirklichung konstruktiver Beiträge; es werden nur destruktive Tendenzen realisiert. Normen werden verletzt. Menschen werden physisch oder psychisch bei der Verwirklichung der Dominanzgedanken geschädigt, wenn nicht sogar vernichtet.

Für die III. Gruppe der überwertigen Ideen habe ich 1976 (Vortrag in der Psychiatrischen Klinik Universität Heidelberg) den Terminus ‚Monoperceptose‘[8] vorgeschlagen, um diese Ideen, die keine Werte, sondern Unwerte oder Anti-Werte verkörpern und durch mehr oder minder schwere Normenbrüche gekennzeichnet sind, von den harmlosen, sozialunschädlichen (II) oder sogar wertorientierten Leitgedanken (I) scharf abzugrenzen.

Der Begriff leitet sich von der ‚Perception‘ im Sinne von *David Hume* (1748) ab. *Hume* versteht unter Perception die Summe aller Bewußtseinsinhalte, also nicht nur die Wahrnehmungsinhalte, sondern auch die im Bewußtsein präsenten mnestischen Daten, die an der Verar-

[8] Eine Monographie über die Monoperceptose ist in Vorbereitung. Sie wird Ende 1978 als Heft 5 der Schriftenreihe des Instituts für Konfliktforschung im S. Karger Verlag (Basel) erscheinen. Sie enthält Ausführungen zum Dissidentenproblem, zur Entstehung des Sympathisantenphänomens und mehrere Falldarstellungen.

beitung des Wahrgenommenen beteiligt sind, ferner die Affekte und die bewußtseinspräsenten Triebregungen. In der Perception sind alle im Bewußtsein vorhandenen Einzelphänomene enthalten. Die Vorsilbe ‚mono' soll deutlich machen, daß *ein* Thema alle anderen Bewußtseinsinhalte beherrscht. Je nach der Dauer dieses Primates kann man von akutem oder chronischem Dominanzdenken sprechen. Durch die sprachliche Ähnlichkeit mit dem Wort ‚Psychose' wird der maligne Charakter des psychischen Prozesses unterstrichen, der – unter weitgehender Zerstörung der ursprünglich sozial intakten Ausgangspersönlichkeit – in den Endstadien zu Gewaltakten, zur Schwerstkriminalität führt. Eine materielle Übereinstimmung mit dem Phänomen der sog. endogenen Psychosen ergibt sich aus der Tatsache, daß in beiden Bereichen die seelischen Veränderungen *nicht* durch methodisch faßbare organpathologische Prozesse verursacht werden, die Psyche des Menschen sich vielmehr ‚aus sich selbst heraus' sehr weit von der Normalität entfernen, sich bis zur Unkenntlichkeit verwandeln kann.

Die Monoperceptose wird folgendermaßen definiert: Monoperceptosen sind solche überwertigen Ideen, die nicht die Verwirklichung objektiver Werte anstreben, sondern unter zunehmendem Realitätsverlust bei steigender affektiver Spannung zur Realisierung von Anti-Werten (= Gewalttaten) zwingen. Konstitutive Elemente der Monoperceptose sind:

1. Das Gedankensystem beruht auf der objektiv falschen Verarbeitung der Realität, soweit sie durch Wahrnehmungen vermittelt wird.
2. Die Denkprozesse orientieren sich nicht an anerkannten Werten, sondern an Unwerten.
3. Das Dominanzdenken führt zu Normenbrüchen (Schädigung oder Zerstörung von Sachen, Institutionen und/oder Personen).

An Einzelmerkmalen sind zu nennen:

1. Infantile Omnipotenzgefühle[9].

Der monoperceptotische Mensch fühlt sich allmächtig. Er ist ‚Herr über Leben und Tod'. Er ist davon überzeugt, trotz der Begrenztheit der eigenen Mittel, den Staat stürzen zu können. Mit dem Staat wähnt er sich im Kriegszustand. Er beansprucht den Status des

[9] Über die Zusammenhänge von infantilen Omnipotenzerlebnissen und Megalomanie (vgl. *Avenarius* 1978, 4, 5, 39).

‚Kriegsgefangenen‘. Eine zeitlich unbegrenzte ‚Gefangenschaft‘ ohne Gerichtsverfahren wäre dann möglich, wenn die Behörden der Bundesrepublik diesen Anspruch ernst nehmen würden. Auf die prozessualen Nachteile des Kombattantenstatus hat *Schünemann* (1978, 110) bei der Erörterung der Rechtsfolgen terroristischer Gewaltakte hingewiesen.

2. Der Realitätsverlust.

Die soziale Wirklichkeit wird konsequent verkannt. Die Apperzeptionsverweigerung führt zu zunehmender Isolierung und völligem Verlust an Kontakten gerade zu den Menschen, die ‚befreit‘ werden sollen, also der Arbeiterklasse.

3. Hohe Aggressionspotentiale.

Die Bewußtseinsinhalte orientieren sich nicht an den Fakten der Umwelt. Daher treten bei jeder Begegnung mit der Realität schwere Enttäuschungen (Frustrationen) auf. Die Frustrations-Aggressions-Hypothese wird durch die Eskalation der Gewalttaten, die – abgesehen von dem zeitlich begrenzten Erfolg nach der Entführung von Peter Lorenz – keine Veränderung herbeiführten, überzeugend bestätigt.

4. Die chronische Identitätskrise.

Die Ziele der Terroristen sind nicht realisierbar. Da aber eine totale Identifizierung mit diesen Zielen besteht, geraten sie in eine immer stärkere Krise. Die Identifikationsvalenzen können sich nicht ständig an irreale Objekte binden; sozial positive und realisierbare Identifizierungsmöglichkeiten werden abgelehnt.

5. Narzißmus und Egozentrizität.

Durch die Überhöhung des Wertes und der sozialen Bedeutung der eigenen Person geht die Fähigkeit zur Einstellung auf die Bedürfnisse und Rechte der anderen verloren.

6. Auslöschung der internalisierten Wertsysteme.

Die Auslöschung ursprünglich anerkannter Werte und Normen vollzieht sich analog zum Werterlöschen in der endogenen Depression und zur Wertumwandlung in schizophrenen Psychosen.

7. Die Wissenschaftsfeindlichkeit.

Der Horror vor kritischen Analysen führt zu einer konsequenten Sperrung gegenüber jeder psychologisch-psychiatrischen Intervention. Dieses Verhalten wird als Ego-defence-Mechanismus gedeutet. Die Verleugnung der Realität kann nur durch perfektes Abschotten erfolgen. Dieser Mechanismus verhütet über lange Zeit Ich-Katastrophen und Selbstmord. Wissenschaftsfeindlichkeit ist auch das führende Merkmal aller dogmatisch erstarrter Ideologien mit Absolutheitsanspruch. Der Zweifel, als methodisches Prinzip stärkster Antrieb für den Fortschritt der Wissenschaft, gilt als Sakrileg.

8. Gestörte Partnerbeziehungen.

Es besteht Unfähigkeit zu emotional fest verankerten Bindungen und Angst vor ‚Liebe'. Dieser Sachverhalt hat sich bei Untersuchungen an antiautoritär-linksradikalen Studenten ergeben (*Grossarth-Maticek* 1975 und in diesem Band S. 99). Aber auch aus eigenen Mitteilungen von Terroristen *(Baumann)*[10] geht dies unmißverständlich hervor.

9. Die Stärke der Verdrängungsmechanismen.

Die Kraft zur Verdrängung der Realität ist außerordentlich groß. Sie gleicht den hohen infantilen Verdrängungspotenzen, deren Bedeutung nach Abschluß der ödipalen Phase und später beim Erwachsenen nur noch minimal ist. Nur die Stärke der – wie beim Kleinkind ungebrochenen – Verdrängungskraft erklärt die weitgehende Auslöschung der realen Welt im Bewußtsein der Terroristen.

Die Konzeption des Begriffes ‚Monoperceptose' ist nicht das Ergebnis abstrakter Bemühungen; sie ist kein bloßes Denkmodell zur Erklärung des Terrorismus. Die Beziehungen zur forensisch-empirischen Realität ergeben sich aus den Feststellungen zu einer Lebensgeschichte, die durch chronisches Dominanzdenken gekennzeichnet war. Nach jahrelanger Latenzzeit konkretisierte sich das Leitthema in der brutalen Tötung eines Menschen.

Falldarstellung:

Am Karfreitag 1974 erschlug der damals 26j. Hilfsarbeiter Hans Peter S. seinen 60j. Adoptivvater mit einer Eisenstange. Er versetzte ihm mehrere wuchtige Schläge auf den Kopf. Der Schädel wurde völlig zertrümmert. Die Adoptivmutter entging nur durch einen Zufall dem ihr zugedachten Schicksal. Wegen des ungewöhnlich milden Vorfrühlingswetters war sie im Garten geblieben und auf einem Liegestuhl etwas eingenickt. Der Vater hatte sich zum Mittagsschlaf in

[10] *Baumann, M.* („Bommi') 1977, 130: „Daß du dich für den Terrorismus entscheidest, ist schon psychisch vorprogrammiert. Ich kann es heute bei mir sehen, das ist einfach Furcht vor der Liebe gewesen ... aus der du dich flüchtest in eine absolute Gewalt."

das Haus zurückgezogen. Hans Peter erläuterte die Änderung seines Planes so: „Die Tat war schon begangen. Ich hatte dann den Gedanken, meine Mutter im Garten auch noch zu töten. Aber aus Gründen der Anwesenheit der Kinder in der Nachbarschaft haben es meine geistigen Kräfte zugelassen, diese Tat nicht an diesem Ort durchzuführen." Sein Motiv für die Unterlassung: „Weil die Kinder das hätten sehen können, die Nachbarschaftskinder, sie sind erst zwischen 3 und 12 Jahre alt ... ich befürchtete nervliche Schockeinwirkungen ..." Nach der Tat stellte er sich der Polizei mit den Worten: „Ich gestehe die Tat in H. meinen Pflegevater erschlagen zu haben!" Auf den Arzt, der die Blutprobe entnahm, machte er einen euphorischen Eindruck. Mehrfach erkundigte er sich, ob der Alte auch wirklich ‚kaputt' sei. Man solle ihn im billigsten Sarg möglichst schnell unter die Erde bringen. Alkohol war im Blut nicht nachweisbar. Diese Äußerungen nach der Tat haben die spätere psychiatrische Beurteilung wahrscheinlich stark beeinflußt, abgesehen von dem Halo-Effekt[11] der Tat. Vom Vorgutachter wurde Hans Peter als „gefühlskalter, explosibler, reizbarer, erregbarer, unausgeglichener, zu primitiven Reaktionen neigender und geltungsbedürftiger Psychopath" bezeichnet. Anfänglich bestand auch Schizophrenieverdacht. Begründung: Nicht einfühlbares Verhalten, gestelzte Sprechweise, vereinzelte Wortneubildungen, Realitätsverkennung und Gemütskälte. Die stationäre Beobachtung in einem Landeskrankenhaus ergab aber keine beweisenden Schizophreniesymptome. Es blieb bei der Beurteilung „Psychopathie". Wegen der knappen intellektuellen Begabung (IQ 80) wurde die Anwendung der Bestimmungen des § 51 StGB Abs. II (heute § 21) empfohlen.
Das Gericht hielt eine weitere Begutachtung für erforderlich, die ich im Mai 1975 in der JVA Düsseldorf vornahm.

Zur Biographie:
1948 unehelich geboren, verbrachte Hans Peter die ersten beiden Lebensjahre in einem Heim. Am 10. 7. 1950 erfolgte die Adoption durch ein kinderloses Ehepaar. Der Vater war Werkmeister, die Mutter beruflos, eine undifferenzierte, aber gutartige Person, die vom ersten Augenblick mit wahrer Affenliebe an Hans Peter hing.

[11] Eine typische Fehlerquelle bei der Persönlichkeitsbeurteilung. Der Gutachter läßt sich von *einer* hervorstechenden Eigenschaft des Täters oder vom Gesamteindruck (incl. der Tat) leiten.

Bei der Heimentlassung bot Hans Peter das Vollsyndrom eines schweren Hospitalismus. Das Kind konnte nicht gehen und nicht sprechen. Es wackelte mit dem Kopf und war sehr ängstlich. Den Ausschlag für die Wahl dieses Kindes gab sein zutrauliches Spielen am Pelzbesatz des Mantels der Mutter. Beide Eltern haben sich in rührender und aufopfernder Weise um die Entwicklung des Kindes gekümmert. Wegen Lernschwierigkeiten bekam der Junge Nachhilfeunterricht. Er mußte eine Klasse wiederholen. 1962 Schulentlassung. Dann begannen jahrelange Schwierigkeiten auf mehreren Lehrstellen, wo Hans Peter durch Übereifer und hypersoziales Verhalten[12] auffiel. 1966 machte er den Führerschein. Er war sehr stolz, als er mir erzählte, daß er fast 10 Jahre unfallfrei gefahren sei. Er habe nie einen Tropfen Alkohol vor dem Fahren getrunken. Aus eigenem Antrieb hat er vier Kurse in Erster Hilfe mitgemacht. 1967 Ausmusterung bei der Musterung zur Bundeswehr wegen Neuropathie, Debilität und Hypertonie. Mai 1971: eher spielerisch anmutende homosexuelle Verfehlung mit einem älteren Lehrling. Der Vater nannte ihn nach dem Verhör durch die Kriminalpolizei einen „schwulen Hund“. Zu seiner damaligen Reaktion: „Da hatte ich zum ersten Mal den Gedanken: wenn du eine Pistole hättest, dann knallte ich den Alten ab oder ich hätte ihn mit einer Handschelle, einer sogenannten ‚8‘ schwer verletzt oder erwürgt. Meine Augen gingen damals wie ein Luchs.“ (Warum?) „Ich war auf eine akute Gelegenheit bedacht, um meinen Vater möglichst zu töten ... ich war damals 23 Jahre alt.“ Ende 1971 verließ er seinen Arbeitsplatz als Kraftfahrer und begab sich für drei Wochen nach Österreich. Zum Motiv: „Ich hatte keine ruhige Minute bei meinen Eltern, immer war der Hexenkessel.“ Der Vater brachte ihn schließlich in dem Betrieb unter, wo er selbst arbeitete. Hans Peter war dann als Gabelstaplerfahrer tätig. Mit Stolz: „Es war ein 17-Tonner!“ Bei mehreren Vorfällen setzte sich der Vater stets für das Verbleiben von Hans Peter im Betrieb ein. In seiner Freizeit war er fast ständig bei der Feuerwehr. Der Dienst dort war ihm zentraler Lebensinhalt. Auch heute bemüht er sich, die Verbindung zu seiner alten Feuerwehrwache wieder anzuknüpfen. Er möchte am liebsten Berufsfeuerwehrmann werden mit dem Schwerpunkt: Krankentransporte. Freunde oder

[12] Unangemessene Betriebsamkeit, unzweckmäßige Aktivität, Musterschülermentalität zum äußeren Ausgleich der erlebten eigenen Unzulänglichkeit.

Freundinnen hat Hans Peter nie gehabt. Er hatte auch noch nie sexuelle Beziehungen zu Frauen, teils aus Angst vor Geschlechtskrankheiten, teils aus allgemeiner Hemmung. Zur Auslösung des Tötungsimpulses war es nach einer – objektiv geringfügigen – Auseinandersetzung während des Mittagessens gekommen. Der Vater hatte ihm 4 Vorwürfe gemacht: 1. Alkoholgenuß am Abend zuvor. 2. Besuch einer Gaststätte, die der Vater nicht schätzte, weil die Wirtin eine Art „Berufsnutte“ und das Lokal ein „Bumsladen“ sei. 3. Vorwurf, er habe die Pflege des väterlichen Autos vernachlässigt und 4. der Einkauf einer nach Hans Peters Auffassung überflüssigen Uhr, die er verkaufen wollte. Eine Stunde nach dem Essen erfolgte die Tat. Zur Situation im Beginn: „Plötzlich wie eine Rakete flog die Zeitung zur Seite. Und ich sprang auf, als würde sich eine Rakete aus ihrer Verankerung entfernen . . .“

Zum Motiv: „Ich wurde von meinen Adoptiveltern seit Jahren, ja seit Jahrzehnten körperlich und seelisch schwer mißhandelt und ausgebeutet. Ich mußte mich durch die Tat von dem unerträglichen Druck befreien. Seit Jahren habe ich mich mit dem Gedanken befaßt, meine Eltern zu töten. Ich sah keinen anderen Weg!“ Befragt, warum er nach Eintritt der Volljährigkeit nicht das Elternhaus verlassen habe, meinte er: „Ich wollte doch draußen nicht in die Kriminalität absinken.“ Einige Zitate aus meinem Gutachten sollen die geistig-seelische Verfassung von Hans Peter verdeutlichen:
(Warum sind Sie zu Hause geblieben?) „Ich konnte ja nichts riskieren. Ich hätte sonst die kriminelle Laufbahn eingeschlagen. Wo sollte ich hin?“
(Ihre Eltern haben Ihnen doch oft Geschenke gemacht?) „Ja, es wurde nach außen der Himmel präsentiert und drinnen war praktisch die Hölle. Ich habe es schon mit 13/14 Jahren gemerkt: Der Himmel wurde präsentiert und die Hölle ist die Tatsache!“
(Beispiel einer körperlichen Mißhandlung?) „Meine Mutter hat mich *einmal* sehr schwer geschlagen. Ich stieß gegen eine Tür und blieb eine halbe Stunde liegen. Es gab keine ärztliche Hilfe. Das war nur, um die Sache zu verdunkeln . . .“
(Nach dem Wesen der Mutter befragt) „Das ist so: pflegemäßig hat sie mir meine Wünsche erfüllt. Zu essen hauptsächlich gebratene Artikel, Schnitzel oder Curry-Würstchen . . . das ist ja gerade der Knüller: ‚Vertuschen!‘“

(Worin bestand die seelische Grausamkeit der Mutter?) „Das waren die vielen Vorschriften! Du machst das so und Du machst das so! Du arbeitest dort und dort! und *ich* kam nie zu Wort!"
(Wie kam es, daß Sie oft Gaststätten aufsuchten?) „Die seelische Mißhandlung hat sich so verschärft, daß ich morgens ohne Gruß weggegangen bin und abends ohne Gruß zurückgekehrt bin."
(Haben Sie sich jemals einem Menschen anvertraut?) „Ja, in der Feuerwehrwache. Ich bin einmal in ein unendliches Tränenbad ausgebrochen. Das war $^1/_2$ Jahr vor der Tat. Ich war am Ende meiner Kraft, ich konnte nicht mehr. Der Brandmeister hat aber zu mir gesagt: die Wache ist kein Obdachlosenasyl!"
(Haben Sie einmal die Polizei informiert?) „Ja, einer riet mir, einen Rechtsanwalt aufzusuchen ... Aber das kostet ja Tausende. Und noch bei dem Umfang dieser Sache. Es ist ja eine 20jährige Kindesmißhandlung, für die ich etwa 30 bis 40 Zeugen aufbringen muß!"
(Haben Sie nicht versucht, offen mit ihren Eltern zu sprechen?) „Nein, es war, als wenn eine Mauer zwischen uns stünde ... eine Glaswand."
(Wichtigstes Erlebnis Ihres bisherigen Lebens?) „Daß ich nicht zu kriminellen Handlungen abgestiegen bin!"
(Wie ist Ihre Einstellung zur Religion, z. B. zur Auferstehung Christi?) „Nein, das glaube ich nicht. So habe ich es aber schon verschiedenen Leuten gesagt, wie es mir zu Hause ergangen ist: gekreuzigt, gestorben ... als solches habe ich mich oft gefühlt. Und ich fühlte mich auch schon begraben und durch die Tat bin ich wieder auferstanden! Jetzt bin ich ein freier Mann, obwohl ich im Gewahrsam der Justiz bin!"
(Einstellung zum Teufel?) „Ich habe in meinem ganzen Leben ein teuflisches Erlebnis in meinem Pflegeelternhaus gehabt. Das bezieht sich auf die körperliche und seelische Mißhandlung. Den Rest, die vorbildliche Pflege, die Unterbringung, die betrachte ich als Verdunklung, als Ausnutzung der Verdunklung!"
Die Ergebnisse aller Explorationen sind auf 104 Seiten niedergelegt. Fast auf jeder Seite finden sich Hinweise auf körperliche und seelische Mißhandlungen durch die Eltern. Es handelt sich demnach um eine überwertige Idee. Hans Peter war von der Richtigkeit seiner Mißhandlungshypothese *absolut überzeugt*. Das Kriterium der unumstößlichen Gewißheit war ebenso gegeben wie das der völligen Unbeeinflußbarkeit. Die gründliche Beweisaufnahme mit der Ver-

nehmung zahlreicher Zeugen hat nicht den geringsten Anhaltspunkt für Mißhandlungen ergeben. Damit wurde auch der materielle Gehalt der Idee unhaltbar.

Bei der Erstattung des Gutachtens wies ich das Gericht auf die Nähe zum Wahn bei überwertigen Ideen hin. Der Sachverständige könne daher nicht entscheiden, ob § 21 oder § 20 StGB anzuwenden sei. (Wegen einer ‚anderen schweren seelischen Abartigkeit‘.)
Das Gericht sprach Hans Peter vom Vorwurf des Mordes (wegen Schuldunfähigkeit) gemäß § 20 StGB frei, es verfügte aber die Unterbringung in einer psychiatrischen Klinik, da eine Gefährdung der Mutter nicht auszuschließen sei und bei einem Wechsel des Zentralthemas der überwertigen Idee auch andere Personen gefährdet werden könnten.
Aus der Urteilsbegründung:
„... es hatte sich in ihm von Kindheit an zunehmend die irrige Vorstellung festgesetzt, daß er von seinen Adoptiveltern körperlich und seelisch auf das Schwerste mißhandelt werde. Diese Auffassung erreichte zunehmend den Grad einer ‚überwertigen Idee‘. Anlaß dafür waren zwar keine wahnhaften Geschehnisse, wohl aber Ereignisse, die objektiv geringfügig und ohne größere Bedeutung waren, die der Angeklagte aber als besonders ernst und schwerwiegend wertete. Der Angeklagte sah sich im höchsten Maße gefährdet, er glaubte, kriminell zu werden und sozial zu verwahrlosen, wenn er das Elternhaus verließe. Als Ausweg erwog er Selbstmord, verwarf diesen Plan aber wieder ... Das Gespräch am Mittagstisch gab seiner überwertigen Idee neue Nahrung.“
Das Gericht sah die überwertige Idee als schwere seelische Abartigkeit im Sinne des § 20 StGB an. Es bewertete die beherrschende – tatkausale – Idee als Vorstufe zum Wahn.

Hans Peter befindet sich immer noch in einem Landeskrankenhaus. Er arbeitet dort als Elektriker, hat innerhalb des Geländes freien Ausgang. Mehrfach wurde er für je einen Tag nach Hause beurlaubt. Das Verhältnis zur Mutter ist gut. Er hofft, bald wieder ‚nach Hause‘ zu kommen und einen Arbeitsplatz bei seiner alten Firma zu finden. Von seiner Mißhandlungshypothese ist er nach wie vor überzeugt; Zweifel hegt er, ob es notwendig war, deswegen den Vater zu töten. Der Mutter hat er verziehen, nachdem sie eine Art Schuldeingeständnis abgelegt hatte.

Zur Abgrenzung dieser überwertigen Idee vom schizophrenen Wahn ist noch auszuführen: Die drei Jaspersschen Wahnkriterien sind erfüllt. Das Ganze war und ist außerdem ‚uneinfühlbar'. Wenn man mit *Janzarik* (1967, 628) den Wahn als eine „abnorme, objektiv befremdliche Überzeugung von hoher subjektiver Evidenz" definiert, dann trifft die Bezeichnung ‚Wahn' für Hans Peters Ideenwelt exakt zu. Aber: es fehlte – bei mir – völlig das Praecox-Erlebnis (*Rümke*). Als ich ihn zum ersten Mal aufsuchte und – nach dem Aktenstudium – einen finsteren, unheimlichen Bösewicht erwartete, war ich auf das Tiefste überrascht, einem freundlichen, noch etwas kindlich wirkendem, äußerst höflichem und gesprächswilligem jungen Mann zu begegnen, der nicht die geringste schizophrene Ausstrahlung hatte. Die über den Begriff der ‚überwertigen Idee' hinausführende Bezeichnung ‚Monoperceptose' trifft exakt für das psychopathologische Syndrom dieses Falles zu:

I. Sein Gedankensystem beruht auf der objektiv falschen Verarbeitung der Realität, soweit sie durch Wahrnehmungen vermittelt wird.
II. Ablehnung und Haß der Eltern sind als Nicht-Werte anzusehen.
III. Das Dominanzdenken führte zu einem Normenbruch schwerster Art, zur Tötung des Adoptivvaters.

Zur Charakterisierung der Persönlichkeit von Hans Peter ist noch hinzuzufügen, daß bei ihm fast alle Merkmale nachweisbar sind, die neben der psychopathologischen Diagnose ‚Monoperceptose' die kriminologische Diagnose ‚Sozialer Infantilismus' zulassen. Diese diagnostischen Zuordnungen treffen in weiten Bereichen auch auf die Terroristen zu; lediglich die intellektuelle Begabung ist wesentlich höher anzusetzen.

Durch eingehende, biographisch und tiefenpsychologisch orientierte Untersuchungen an über 1500, meist rückfälligen Delinquenten, wurde das empirische Material für die Bildung der Theorie vom ‚Sozialen Infantilismus' erarbeitet. Beim Infantilismus (weitere Literatur bei *Heymann* 1955), dem Zurückbleiben im Vergleich zu den Durchschnittsbefunden bei körperlich und seelisch gesunden Erwachsenen, handelt es sich um eine Reifungs- oder Entwicklungsstörung mit schwerwiegenden Konsequenzen für die Lebensführung. Folgende Erscheinungsformen des Infantilismus werden unterschieden:

I. Der somatische Infantilismus,

das rein körperliche Zurückbleiben des Wachstums im Vergleich zur normalen somatischen Maturität ohne signifikante psychische Begleitphänomene.
II. Der psycho-sexuelle Infantilismus,
körperliche Reifungsdefizite fehlen. Auch die Sozial-Psyche ist intakt. Die Sexualität ist auf infantilen Stufen der Reifung stehengeblieben. (Symptome: Angst vor Partnerbindung, Onanie, Exhibitionismus, Pädophilie.)
III. Der soziale Infantilismus,
am ‚Sozial-Ich‘ lassen sich Funktionsschwächen oder Funktionsausfälle feststellen, die als Reifungsstörungen – also nicht als anlagebedingte Mängel – interpretiert werden. Unter dem ‚Sozial-Ich‘ (der Sozial-Psyche) wird die Summe aller psychischen Instanzen verstanden, die den normenorientierten Ablauf aller sozialen Beziehungen (zu Partner, Familie, Berufssphäre, Institutionen) gewährleisten.

Der *‚Soziale Infantilismus‘* ist durch folgende Merkmale gekennzeichnet:

1. Die anhaltende Herrschaft (die Persistenz) des Lustprinzips über das Realitätsprinzip mit Überwiegen oral-kaptativer Triebbedürfnisse (*Schultz-Hencke* 1970, 25 f.): Alkohol, Rauchen, Medikamentenmißbrauch. Vorwiegend apersonale Sexualität ohne tiefere – emotionale – Partnerbindung. Der Mensch – obwohl erwachsen – ist bezüglich seiner Trieborganisation auf einer infantilen Stufe stehengeblieben. Das dominierende, kraftvolle Realitätsprinzip, dem sich der sozial intakte Erwachsene nach einem oft mühsamen Anpassungsprozeß unterwirft, ist verkümmert oder nur unzulänglich entwickelt.

2. Die ausgebliebene oder nur unzulänglich erfolgte Normeninternalisierung infolge des Fehlens der für diesen Prozeß erforderlichen soziokulturellen Bedingungen (Familie, Milieu, mikroökonomischer Bereich).

3. Das Fehlen oder die Unzulänglichkeit der Strukturschranke: Die Strukturschranke ist eine psychische Instanz, die beim Menschen – auch in kritischen Situationen, bei starkem äußerlichen Handlungsdruck – rechtswidrige Entscheidungen verhindert oder sie zumindest erschwert. Die Strukturschranke verhütet z. B. im posthypnotischen Experiment oder im Zustand der alkohologenen resp. medikamen-

tösen Enthemmung kriminelle Handlungen. Ein Mensch ohne Strukturschranke erliegt in einer situationsbedingten oder toxischen Enthemmung sehr viel leichter und schneller dem Durchbruch aggressiver Impulse.

4. Defizite im Bereich der vier anthropologischen Existenziale: Das Glücken oder Scheitern der menschlichen Existenz hängt von der Intaktheit der Voraussetzungen in den folgenden Bereichen ab: ‚Sein', ‚Haben', ‚Gelten', ‚Lieben'[13].

a) In den Bereich des *‚Seins'* gehören die Minusvarianten auf seelischem Gebiet (Psychopathie, Verstandesmängel) oder auf körperlichem Gebiet (Mißbildungen, ästhetische Defizite).

b) *‚Haben':* Armut, Not, materielle Mängel charakterisieren das Defizit im Bereich des ‚Habens'.

c) *‚Gelten':* Die Anerkennung der errungenen Position im Beruf, Partner, Familie und Gesellschaft („Sozialprestige").

d) *‚Lieben':* Erfolgserlebnisse im Bereich des aktiven Liebens und des passiven Geliebtwerdens.

Kriminalität ist *immer* auf ein Defizit im Bereich eines oder mehrerer Existenziale zurückzuführen. Das Defizit führt je nach seiner Ausprägung zu mehr oder weniger imperativen Kompensationshandlungen mit dem irrationalen Ziel des Ausgleichs des Defizites. Es ist undenkbar, daß ein Mensch ohne Defizite im Bereich der vier Radikale ‚kriminell' wird. Die Defizittheorie wird – bei gründlicher Persönlichkeitsanalyse unter Einbeziehung tiefenpsychologischer Methoden – in jedem forensischen Fall bestätigt. Der gesunde, glückliche, erfolgreiche und zufriedene Mensch begeht keine Delikte.

5. Der soziale Autismus: Die Unfähigkeit oder Schwierigkeit des Menschen, soziale Kontakte zu schaffen. Die Tendenz sich abzusondern erschwert die Möglichkeit, psychische Konflikte im Gespräch mit anderen zu lösen oder sachkundigen Rat einzuholen. Die Abkapselung erzeugt aggressive Spannung. Kommunikationssperre und Informationsblockierung erschweren die Anpassung an die Realität.

6. Die niedrige Frustrationstoleranz: Die Schwierigkeit oder Unfä-

[13] *Avenarius* (1978, 23) ergänzt die Kategorien des ‚Seins' und des ‚Habens' mit der Kategorie „Was einer *kann*". Bei pathologischen Veränderungen in diesem Seinsbereich entsteht ‚Machtwahn'.

higkeit Frustrationen (Versagungen) zu ertragen oder zu überwinden. Für den sozial reifen Menschen sind ‚Versagungen' häufig geradezu ein Stimulanz zu vermehrter Anstrengung.

7. Die intentionale Lücke oder Leere: Das Fehlen eines konkreten Lebens- oder Berufszieles. In bestimmten Situationen kann der aktive Handlungsimpuls, der entweder von der Situation oder von dem stärkeren Teilnehmer ausgeht, in die intentionale Leere, in die Ziellosigkeit fast widerstandslos eindringen. Die Impulse werden, da andere Handlungsziele fehlen, sofort realisiert; in der Regel sind diese ad-hoc-Impulse auch relativ mühelos zu realisieren, da es sich fast immer um unkompliziert-motorische Aktionen (Beispiel: Schaufenstereinbruch) handelt.

8. Das mangelnde Gemeinschaftsgefühl *(Alfred Adler):* Man kann auch vom Sozialgewissen sprechen. *Adler* (1971, 41, 150 et passim) bezeichnete das Fehlen des emotionalen Bezuges zu Beruf, Partner und Gesellschaft als ‚mangelndes Gemeinschaftsgefühl'.

9. Die Abstraktionsschwäche trotz – gelegentlich ausreichender – formaler Intelligenz: Die biographischen Lernprozesse verlaufen nach anderen Kriterien. Das im Anschluß an Gerichtsverfahren, Strafe und Haft zu erwartende kritische Nachdenken bleibt aus. Eine Neuorientierung als Resultat aller Überlegungen erfolgt nicht oder nur so schwächlich, daß der Handlungsdruck der nächsten kriminogenen Situation alle guten ‚Vorsätze' hinwegfegt. Dies gilt trotz der Erfahrungstatsache, daß sich viele Häftlinge intensiv über die Belastungen und Entbehrungen während der Haft beklagen.

10. Die Unempfindlichkeit für den erlebten Freiheitsentzug, aber auch gegenüber anderen gesellschaftlichen Sanktionen: Infolge der sozio-vitalen Indolenz setzen die Leiden der Haft keine negativen Engramme und wirken daher nicht ‚verhaltensbestimmend' nach der Haftentlassung.

11. Seelische Regressionsphänomene. Hiermit ist der Rückschritt auf stammesgeschichtlich sehr frühe Verhaltensmuster gemeint. Die Ahndung von erlebtem oder auch vermeintlichem Unrecht erfolgt durch eigenes Handeln, durch Selbstjustiz. Im Laufe der historischen Entwicklung eines Volkes ist die Privatrache an den Staat und an staatliche Organe delegiert worden. Sozial infantile Menschen nei-

gen dazu, unmittelbar Rache zu nehmen, wenn sie eine Benachteiligung oder Schädigung sozialer Art erlebt haben.

12. Das schwache soziale Integrationsbedürfnis bei Fehlen von motivierenden Integrationsfaktoren (Anschluß an politische Gruppierungen, an kirchliche Institutionen, an Vereine usw.). Von diesen für alle Individuen vorhandenen Integrationsfaktoren wird auf Grund des schwachen Integrationsbedürfnisses kein Gebrauch gemacht, sie sind ‚uninteressant'. Interessant und attraktiv ist die Integration in den Kreis sozial gleichgestellter Ex-Häftlinge, die die bisherige kriminelle Karriere nicht verachten, sondern bewundern.

13. Die fehlende Ich-Identität. Identitäts-Defekte oder Identitäts-Mängel drängen das sozial infantile Individuum bei der Suche nach der eigenen Identität oft zu spektakulären Handlungen. In der Straftat wird der Durchbruch zur eigenen – wenn auch objektiv gesehen sozial negativen – Identität erzwungen. Viele ‚Kriminelle' sind stolz auf ‚ihre' Tat. Sie ist *das* Ereignis, das sich als glanzvoller Höhepunkt von der Monotonie eines grauen Lebens abhebt.

14. Fehlen oder Defekte des ‚Normen-Organs'. *Edward Bibring* hat 1931 die Hypothese aufgestellt, daß im psychischen Organismus Kräfte vorhanden sind, die auf die Herstellung eines psychischen Gleichgewichtes gerichtet sind. Fast alle analytischen Erfolge seien im Grunde der Freilegung der spontanten Strebungen zu verdanken. Diese Heilungstendenzen äußern sich im psychischen Leben in verschiedener Form: als ein dem Individuum innewohnender Drang nach Vollendung der Entwicklungsvorgänge; als Streben nach Triebbefriedigung und nach Wiederholung von Gefühlserlebnissen und als Hochschätzung der Normalität und instinktive Abneigung gegen abnorme Verhaltensweisen (zit. nach *Anna Freud* 1968, 34). Auch *Charlotte Bühler* (1975) hat in ihren Fallstudien vier Grundtendenzen in der Entwicklung des Menschen zur reifen Persönlichkeit beschrieben. Hierzu gehört eine Tendenz zur Aufrechterhaltung der inneren Ordnung. Dieses innere Ordnungssystem ist die Voraussetzung eines geglückten Lebens. *Eysenck* führte 1964 aus, daß Kriminalität gewöhnlich – wenn auch nicht immer – die Folge einer angeborenen Unempfänglichkeit für Konditionierungsvorgänge (= sozial positive Lernvorgänge) aller Art sei. Die Forschungsergebnisse weisen auf die Existenz eines ausgleichenden und stabilisie-

renden psychischen Organes hin, das den Menschen befähigt, sich auch in gespannten und kritischen Situationen normenkonform zu verhalten.

Prüfen wir, welche Merkmale bei Hans Peter nachweisbar sind, so finden wir die Merkmale 1, 4, 5, 6, 7, 11, 13 und 14. Nur bedingt kann man die Merkmale 2 und 3 auf seine psychische Verfassung anwenden. Aus Platzgründen können hier nur Begründungen für die Merkmale gegeben werden, deren Anwendbarkeit nicht unmittelbar evident ist.

Zu Merkmal 1:
Die Schwäche des Realitätsprinzips ist zwar Leitsymptom seiner gesamten Lebensführung und notwendige Voraussetzung für die Entstehung seiner Monoperceptose. Wo aber ist in dieser Leidensgeschichte das ‚Lustprinzip‘ erkennbar? Er raucht nicht, trinkt nur mäßig, um Trübsal und Isolation zu vergessen; er nimmt keine euphorisierenden Medikamente, er begeht keine Warenhausdiebstähle, um oralkaptativen Neigungen zu frönen (vgl. *de Boor* 1977, 221). Sexuelle Promiscuität lehnt er ab. Das Streben nach ‚Lustgewinn‘ kann nur aus dem Prinzip des ‚sozialen Masochismus‘ (vgl. *Reik* 1977, 331 ff.) abgeleitet werden, dem jahrzehntelangen Ertragen von Mißhandlungen körperlicher und seelischer Art, der klaglosen Duldung von Schmerzen (physischer und psychischer Art) ohne Gegenwehr.

Zu Merkmal 2:
Die Internalisierung der Basis-Normen in den ersten beiden Lebensjahren ist ausgeblieben. Dies beweist der schwere Hospitalismus am Ende der Heimzeit. Ein ‚Urvertrauen‘ (vgl. *Erikson* 1971, 241 ff.) hat sich nicht entwickeln können, eher ist von einem anhaltenden ‚Ur-Mißtrauen‘ zu sprechen, das sich von den uns unbekannten ersten Bezugspersonen auf die Adoptiveltern übertrug und in tödlichen Haß umschlug.

Zu Merkmal 3:
Empirisch begründbare Aussagen über die Strukturschranke eines konkreten Menschen sind ohne Experimente mit enthemmenden psychotropen Stoffen (Beispiel: Alkohol, Drogen) nicht möglich. Der Begriff der Strukturschranke beruht auf einer Hypostasierung. Denn es wird kein realer, sinnenfälliger Gegenstand mit einem Na-

men versehen, sondern nur gedachte psychische Vorgänge werden in einem Begriff zusammengefaßt. Trotz dieser Einschränkung ist der Begriff brauchbar, weil er anschaulich ist. Unter einer Schranke kann sich jeder etwas vorstellen. Die Strukturschranke bei Hans Peter ist partiell durchlässig, sie hat strukturelle Lakunen. Daher konnte sich der Aggressionsimpuls am 12. 4. 1974 mit einer Dynamik entladen, die durch die Strukturschranke nicht gebremst wurde. Dem auf die Mutter bezogenen Tötungsantrieb widerstand die Strukturschranke. Hans Peter kannte offensichtlich die Schwächen seiner Strukturschranke. Nur so ist seine große Sorge zu verstehen, ‚draußen' in Kriminalität oder Asozialität abzugleiten. Durch vielfältige soziale Aktivitäten – im Dienst der freiwilligen Feuerwehr, im Krankentransportdienst, aber auch durch Übereifer und Hilfsbereitschaft im Betrieb – hat er sich bemüht, die erkannten Mängel auszugleichen. (Hypersoziales Verhalten zur Bildung stabilisierender Hyperstrukturen.)

Wenden wir nun die Merkmale auf die Terroristen-Psyche an, so ergeben sich folgende Zuordnungsmöglichkeiten: 1, 3, 4, 5, 6, 8, 9, 10, 11, 12, 13 und 14. Das Syndrom des Sozialen Infantilismus ist bei den Terroristen – rein numerisch gesehen – stärker ausgeprägt als bei Hans Peter. Zur Begründung der Zuordnungen wird auf die Monographie über die Monoperceptosen verwiesen. Die Zulässigkeit der Merkmalzuordnung ergibt sich mit Evidenz für die Merkmale 1, 4, 5, 6, 8, 9 und 10. Die Merkmale 9 und 10 gelten für verurteilte und nach der Strafverbüßung entlassene Terroristen, die sofort untertauchten. Auch die Merkmale 12 und 13 sind anwendbar. Zweifel entstehen bei der Prüfung der Merkmale 3 und 14. Aus Platzgründen können nur einige Bemerkungen zu Merkmal 13 gemacht werden.

Zu Merkmal 13:
Die Identifizierungsvalenzen werden – da externe Objekte fehlen oder abgelehnt werden – vollkommen im forum internum an die überwertige Idee gebunden. Die erstaunliche Stärke und Virulenz der überwertigen Idee, ihre Hypertrophie, ist das Ergebnis der ausschließlich ihr zugeführten psychischen Energien. Die frei werdenden destruktiven Tendenzen suchen dann in der Außenwelt nach Objekten, die der eigenen Aggressivität ebenbürtig sind, also keine ‚Schwachen', sondern den Staat mit seinen bewaffneten Organen

oder seinen von Bewaffneten geschützten Repräsentanten. Gäbe es diese Möglichkeit zur Abreaktion stärkster Aggressionsbedürfnisse nicht, dann würde die konzentrierte destruktive Kraft der überwertigen Idee ihre Träger in die Selbstvernichtung treiben. Putativ-Feinde sind daher für Terroristen lebensnotwendig. Nach dem Wegfall bekämpfbarer Feinde und dem Zusammenbruch der Scheinwelt in der nüchternen Realität der Haft ist der Selbstmord die unausweichliche Endstation für die Terroristen. Diese Hypothese ist bereits durch einige bemerkenswerte Ereignisse bestätigt worden (Stammheim, 18. Oktober 1977).

Schlußbemerkungen

Die Gemeinsamkeiten der Sozial-Psyche von Hans Peter mit der Terroristen-Psyche sind folgendermaßen zusammenzufassen:

I. Die Unwertverkörperung in der Zentral-Idee:
Hans Peter haßte seinen Adoptivvater, die Terroristen hassen Staat und bürgerliche Gesellschaft, Institutionen, die stellvertretend für die von ihnen – möglicherweise – nicht gehaßten natürlichen Eltern zu Haßobjekten geworden sind. Die Analogie in beiden Entwicklungen beruht auf der Gleichsetzung der Phänomene ‚Vater‘ und ‚Staat‘ sowie ‚Mutter‘ und ‚Gesellschaft‘. Nicht ohne Tiefen-Beziehung wird in der Sprache die Metapher vom ‚Vater Staat‘ benutzt. Ähnliche Assoziationen prägten das Sprachbild vom (mütterlichen) ‚Schoß der Gesellschaft‘. Diese Sprachbildungen weisen auf archetypische Beziehungen zwischen beiden Phänomen hin. *Nass* (1977, 163 f.) hat in diesem Zusammenhang auf den Ödipus-Mythos hingewiesen. „Jokaste ist die Gesellschaft, die Mutter, die Ödipus geboren hat. Ödipus tötet Lajos, den Vater, den Staat, das männliche Prinzip.“ *Nass* weist auf die Denkmöglichkeit hin, daß die Anarchoterroristen stellvertretend für ihre eigenen Väter Männer töten, die dem Alter nach ihre Väter sein könnten (Buback, Ponto, Schleyer).

II. Zur – wahnanalogen – Verwandlung der realen Welt in eine, von feindlichen Mächten beherrschte Putativ-Welt:
Hans Peter wähnte sich jahrzehntelang von seinen (bösen) Eltern körperlich und seelisch mißhandelt. Zur unumstößlichen Gewißheit hat sich die Ausbeutungs- und Mißhandlungshypothese durch die bösen Mächte des Imperialismus und Kapitalismus bei den Terroristen gefestigt.

III. Der Normenbruch:
Hans Peter tötete den Vater. Die Terroristen töten, da sie Staat und Gesellschaft nicht direkt vernichten können, stellvertretend die Repräsentanten dieser Institutionen.

Bei Hans Peter sind Monoperceptose und schwerer sozialer Infantilismus durch die Ergebnisse der Untersuchungen ausreichend zu begründen. Bei den Terroristen wäre mit ähnlichen Ergebnissen zu rechnen, wenn eingehende Untersuchungen möglich wären. Der Terrorismus wird auf eine, in ihren Einzelmerkmalen eingehend beschriebene Monoperceptose zurückgeführt, die sich – ebenso wie bei Hans Peter – auf der Grundlage eines schweren sozialen Infantilismus entwickelt hat. Der Infantilismus der Terroristen ist jedoch – im Hinblick auf ihre (möglicherweise) intakte soziale Frühprägung – ein Regressionsphänomen, ein Rückfall in frühkindliche Verhaltensweisen, während Hans Peter das soziale Infantilstadium nie überwunden hat. Die Ursache für diese Regression ist allerdings noch unbekannt. Sie ist durch tiefenpsychologisch orientierte Analysen im Prinzip aufklärbar; denn die Regression ist ein von der Tiefenpsychologie besonders gründlich untersuchtes Phänomen.

Die von *Witter* (1972, 470) vorgeschlagene Begriffsreihe zur Beschreibung und Abgrenzung psychischer Abnormitäten im Bereich der gedanklichen Verarbeitung der Nachrichten aus der empirischen Welt könnte unter Einbeziehung der Ergebnisse der Monoperceptoseforschung folgendermaßen ergänzt werden: Irrtum – Vorurteil – affektbesetzte absolute Gewißheit – wahnähnliche Reaktion (stets vorübergehend) – überwertige Idee *(Wernicke)* – Monoperceptose-Wahn. *Weitbrecht* (1963, 411 ff.) hat zur Überwindung der starren Grenze zwischen ‚Psychose' und ‚Nicht-Psychose' im Bereich depressiver Verstimmungen den Begriff der endo-reaktiven Dysthymie geprägt. Er benennt so ein Störungssyndrom, das zwischen den reaktiven und den endogenen Depressionen liegt. Im Begriff ‚Monoperceptose' werden alle psychischen Abnormitäten zusammengefaßt, die Wahncharakter haben. Sie erfüllen formal alle Wahnkriterien und sind doch nicht Wahn im klinischen Sinne, gehören also nicht in die Gruppe der Schizophrenien. Sie liegen ebenso wie die endoreaktive Dysthymie ‚dazwischen'. Solche Persönlichkeitsveränderungen sind keineswegs selten. Die Veröffentlichung mehrerer Fallstudien ist vorgesehen. Der Begriff Monoperceptose umgreift das Phänomen des Wahns bei Gesunden, präziser des Wahns bei Menschen, die nicht wahnkrank im Sinne des Schizophreniekonzeptes sind. Terrorismus wird als Folge des Wahns von, im übrigen, ‚Gesunden‘ verstanden. Bei Hans Peter führten die rechtlichen Konsequenzen dieser Konzeption zur Annahme von ‚Schuldunfähigkeit‘ (§ 20 StGB), allerdings nur im Sinne der Nicht-Ausschließbarkeit von strafrechtlicher Schuld. Die rechtlichen Konsequenzen bei der Anwendung des Monoperceptose-Modells auf Terroristen wären sehr weitgehend; denn hinsichtlich ihrer ‚Schuldfähigkeit‘ könnten begründbare Zweifel entstehen. Im Hinblick auf ihre extreme Sozialgefährlichkeit wären sichernde Maßnahmen besonderer Qualität erforderlich. Im Stockholm-Prozeß hat Rechtsanwalt *Peters* (Düsseldorf) die Monoperceptose-Theorie für seinen Mandanten *Dellwo* ohne forensischen Erfolg vorgetragen. Dem Gericht schienen die wissenschaftlichen Grundlagen der Hypothese nicht genügend gesichert zu sein. Die Skepsis der Juristen ist – nicht nur wegen der von ihnen befürchteten Reaktion der Öffentlichkeit[14] auf einen Freispruch wegen Schuldunfähigkeit zum Tatzeitpunkt – verständlich. Man muß aber auch an die Schwierigkeiten denken, die für den Sachverständigen bei der Beurteilung fremden Seelenlebens entstehen. Wirkliche Einblicke in die Realität fremden Seelenlebens sind dem Seelenforscher aus methodischen Gründen immer versagt. Sie sind unmöglich! Selbst wenn uns ein Mensch bereitwillig Auskunft über sein Seelenleben geben will, also kooperativ ist, so ist er doch auf die Benutzung von Worten angewiesen, die nicht *seine* Worte sind, sondern eine Übernahme unpräziser Verallgemeinerungen, verbale Notbehelfe, um das letztlich Unsagbare in einer dem Zuhörenden verständlichen Weise mitzuteilen. Die für die Beschreibung des eigenen Seelenlebens zur Verfügung stehenden Worte sind niemals deckungsgleich mit der jeweils gemeinten seelischen Realität des Sprechenden. Die Verbalisierung des eigenen seelischen Zustands wird dann besonders schwierig, wenn es um die Deskription atypischer oder extremer Seelenzustände geht, für de-

[14] „Übersteigt das Verbrechen einen bestimmten Grad von Bedeutung und Publizität, ist der Geisteszustand des Täters für dessen weiteres Schicksal belanglos: der empörten Öffentlichkeit ist es zwar nicht gleichgültig, was den Täter motiviert hat, aber sie ist nicht bereit, seine Motive, seien diese auch deutlich wahnhaft und psychotisch, als Entschuldigung, Strafmilderung oder Strafausschließungsgrund gelten zu lassen“ (*Hacker* 1975, 258).

ren Verständnis eigene Erfahrungen beim Zuhörer fehlen. Schizophrene versuchen manchmal, aus den Zwängen der Alltagssprache auszubrechen. Sie beschreiben ihre seelische Wirklichkeit mit eigenen Wortschöpfungen, mit einer Privatsprache, deren Worte ihr ureigenstes Erleben am treffendsten wiedergeben. Auch bei Hans Peter fielen dem 1. Gutachter eigenartige Wortneubildungen und gestelzte Formulierungen auf, die – neben der Gefühlskälte – an eine schizophrene Psychose denken ließen. Wahrscheinlich würden auch die Terroristen große Schwierigkeiten haben, ihre Innenwelt verständlich zu machen. Der Ausweg, eine infantile Analsprache zu benutzen, ist offensichtlich von dem Bedürfnis geprägt, den eigenen – infantilen – Seelenzustand adäquat zu beschreiben.

Näheres über die ‚Privatsprache' mit dem Phänomen, neue Worte (Neologismen) für Empfindungen oder Dinge zu prägen, für die die Sprache keine Worte hat, findet man bei *Jaspers* (1946, 243 mit Lit.-Hinweisen). Psychiatrie und forensische Psychiatrie stehen daher vor der nahezu unlösbaren Aufgabe, das Seelenleben der Täter adäquat und realitätsnah zu erfassen und zu beschreiben, um ihren gerichtlichen Auftrag erfüllen zu können, d. h., um sagen zu können, „wie es im Inneren des Angeklagten zur Tatzeit" ausgesehen hat. Diese methodischen Schwierigkeiten treten in besonderem Maße bei Probanden mit atypischen seelischen Veränderungen auf. Hier entstehen schwerwiegende Irrtumsmöglichkeiten für alle an einem Strafverfahren Beteiligten. Es besteht durchaus die Möglichkeit, daß ein tatsächlich schuldunfähiger Mensch, etwa ein Terrorist mit Monoperceptose und schwerem sozialem Infantilismus, als rechtlich voll verantwortlicher Täter verurteilt wird, obwohl er unter dem Zwang der wahnanalogen Monoperceptose nicht anders handeln konnte, als er gehandelt hat. Monoperceptosen führen, wie *Weitbrecht* (1963, 31) richtig gesehen hat, zu einer „förmlichen Verstümmelung der Entscheidungs- und Handlungsfreiheit". Die Grundlagen des Schuldstrafrechts beruhen auf der Idee der Willensfreiheit; sie ist die Voraussetzung für Entscheidungs- und Handlungsfreiheit. Sind beide „verstümmelt", kann es auch keine Willensfreiheit geben.

Unsere, der Erforschung der Psyche von Terroristen gewidmete Studie bringt nur einen eng begrenzten Zuwachs an empirisch gesichertem Wissen. Es ist ein Versuch, das Terrorismusphänomen von allgemeinen Hypothesen („Die Gesellschaft ist schuld.“) zu lösen und auf individuelle Faktoren zurückzuführen, die in der Psyche des Terroristen mehr oder minder überzeugend nachweisbar sind. Reifungsstörungen und Wahnbildung sind keine zeitspezifischen Phänomene. Sie gehören vielmehr zu den zeitunabhängigen anthropologischen Urphänomenen, die auch die künftige Terrorismusforschung beschäftigen wird.

Durch die Ergebnisse der psychopathologischen Analyse sollen die Terroristen nicht deklassiert und in ein psychiatrisches ‚Abseits‘ gedrängt werden. Die Feststellung der besonderen seelischen Bedingungen, die zum Terrorismus führen (Monoperceptose, Sozialer Infantilismus), kann aber den sozial-ethischen Vorwurf, die ‚Verurteilung‘ mildern oder – wie bei Hans Peter – aufheben. Die Zerstörung der ‚Humanitas‘, die Regression in die atavistisch-archaische Welt des ‚Bösen‘ wirkt weniger bedrückend, wenn das Phänomen als nahezu naturgesetzliche Folge pathologienaher psychischer Prozesse angesehen werden kann und nicht auf der personalen Entscheidung des psychisch gesunden, erwachsenen Staatsbürgers beruht, Verbrechen brutaler und sinnloser Art zu begehen.

Rechtsgüterschutz und Schutz der Gesellschaft sind die legitimen Aufgaben der Strafrechtspflege. Es ist ausschließlich Sache der zuständigen Gerichte, zu entscheiden, ob ‚Strafe‘, ‚Sicherungsverwahrung‘ oder – bei Schuldunfähigkeit – psychiatrische Internierung die richtige Reaktion der Gesellschaft auf die Taten der Terroristen ist.

Gedanken zur Aufhellung von Ursachen des Terrorismus aus polizeilicher Sicht

von Reinhard Rupprecht

I. Polizeiliches Interesse an der Ursachenforschung

Auf den ersten Blick scheint eine Aufhellung von Ursachen des Terrorismus, von Faktoren, die einzelne persönliche Entwicklungen hin zu terroristischen Gruppen und Aktionen begünstigen, für die Polizei uninteressant zu sein. „Die Sache muß ausgeschossen werden." Dieser – vielleicht nicht einmal aus dem Mund eines Polizeibeamten stammende – Satz stellt eine naheliegende Antwort auf die ungeheure Brutalität der zweiten Generation der sogenannten RAF dar.

1. *Polizeiliche Terrorismusbekämpfung und ihre Grenzen*

Selbstverständlich ist die Terrorismusbekämpfung vor allem eine polizeiliche Aufgabe – auch im Gegensatz zu jenen Staaten, in denen der politisch motivierte Terrorismus mit militärischen Mitteln bekämpft wird, weil aufgrund der innerstaatlichen Verhältnisse, des Ausmaßes terroristischer Bewegungen und der Schwäche der Polizei eine andere Lösung nicht möglich erschien. In der Bundesrepublik Deutschland wird es strikt abgelehnt, der propagandistischen These der Terroristen vom Terrorismus als Kriegsphänomen, von den terroristischen Häftlingen als Kriegsgefangenen, von der Unanwendbarkeit des Strafgesetzbuches auf terroristische Überfälle zu folgen. Der Terrorismus in unserem Staat kann sich auf kein Widerstandsrecht berufen. Er stellt trotz politischer Motivation Kriminalität dar, zu deren Bekämpfung gemäß Art. 87 a GG nicht die Bundeswehr, sondern die Polizei zuständig ist.

Dennoch sind den polizeilichen Möglichkeiten der Bewältigung dieser modernen Geißel der Menschheit enge Grenzen gesetzt, deren man sich immer wieder bewußt werden muß, wenn man die Sicherheitsbehörden für ein Fahndungsdefizit oder das Nachwachsen terroristischer Gruppierungen verantwortlich machen will. Dabei sin im Kontext der Thematik nicht jene von der Rechtsordnung, den sicherheitspolitischen Richtlinien der Regierung und der bestehenden oder mangelnden Mitwirkungsbereitschaft der Bevölkerung bei der Öffentlichkeitsfahndung gezogenen Rahmenbedingungen zu behandeln, innerhalb deren sich jede polizeiliche Tätigkeit vollziehen muß.

Wichtig ist im thematischen Zusammenhang vielmehr die eigentlich selbstverständliche Erkenntnis, daß die Polizei nicht die Ursachen, sondern nur die Erscheinung des Terrorismus bekämpfen kann. Sie vermag das Übel nicht an der Wurzel zu packen, sondern nur seine Symptome zu behandeln. Gewiß, erfolgreiche Kriminalitätsbekämpfung kann auf potentielle Täter abschreckend wirken, aber dieser Präventionseffekt dürfte sich bei fanatischen Terroristen kaum bemerkbar machen. Und die Annahme, daß der Terrorismus allein aufgrund erfolgreicher Ermittlung und Fahndung ausstirbt, also nicht nachwächst, ist ein frommer Wunsch. Fazit: Die Bewältigung des Terrorismus kann nicht allein Aufgabe der Polizei sein.

2. *Bewältigung des Terrorismus als gesamtgesellschaftliche Aufgabe*

Die Überwindung des Terrorismus muß vielmehr als gesamtgesellschaftliche Aufgabe begriffen werden: als Verpflichtung der Eltern und Erzieher, der Schulen und Hochschulen, der politischen Parteien und der Gewerkschaften, der Kirchen, der Massenmedien und aller unseren Staat und seine Gesellschaft tragenden Kräfte. Dabei hat selbstverständlich jeder Funktionsbereich einen anderen ihm eigenen Beitrag zu leisten.

3. *Bedeutung der Ursachenforschung*

Die Ansicht, Licht in das Dunkel der Ursachen terroristischer Entwicklungen zu bringen, sei ein ebenso vergebliches wie rein akademisches Unterfangen, ist weit verbreitet. Richtig bleibt gewiß, daß man von einem solchen Vorhaben keine Wunder erwarten darf. Dazu sind die Erkenntnisquellen zu dürftig und die denkbaren Präventionsansätze zu schwierig. Aber als unsinnig kann die Bedingungsforschung deshalb nicht angesehen werden.

Sie dient zunächst dem Zweck der Bewußtseinsbildung und Klärung des überaus strittigen Ursachenproblems. Insbesondere kann sie die schige Komplexität des Beziehungsgeflechts möglicher Be- gen und Begünstigungen einzelner terroristischer Karrieren wie des Gesamtphänomens Terrorismus verdeutlichen und einer Versachlichung der politischen Diskussion führen.

t sie international angelegt oder jedenfalls mit entsprechenden hungsvorhaben in anderen Staaten und Regionen vergleichbar ägt sie ferner dazu bei, die Unterschiedlichkeit terroristischer wegungen, ihrer Ursprünge und Ziele herauszuarbeiten und da- nit auch die Gefahr internationaler Abfärbungs-, Anstiftungs- und Unterstützungsprozesse besser zu erkennen. Interesse besteht auch an dem Versuch, die unterschiedliche Terrorismusanfälligkeit einzelner Staaten und ihrer Gesellschaftsstrukturen festzustellen und zu erklären[1].

Vor allem aber ist Ursachenforschung auf lange Sicht unbedingte Voraussetzung einer strategisch betriebenen Prävention. Das gilt ebenso wie in jedem anderen Kriminalitätsbereich auch für den Terrorismus. Nur wenn seine Determinanten einzeln und in ihren Beziehungen zueinander erkannt sind, kann festgestellt werden, welche Bedingungsfaktoren veränderbar und veränderungswert sind, wie ein entsprechendes Präventionsprogramm beschaffen sein und umgesetzt werden muß.

Insbesondere bildet ein empirisches Ergebnis die sichere Grundlage für jede Form der geistigen Auseinandersetzung mit dem Terrorismus, ja letztlich für jede gegen ihn gerichtete Öffentlichkeitsarbeit überhaupt. Therapie ohne Diagnose ist Kurpfuscherei.

Auch die Frage, ob im Einzelfall Resozialisierungschancen bestehen, ist von einer solchen Diagnose abhängig. Grundsätzlich sind diese Chancen als außerordentlich schlecht anzusehen. Dennoch muß jede noch so vage Chance genutzt werden. Die Frage, unter welchen Bedingungen jemand zum Terroristen wird, schließt nahezu die andere ein, unter welchen Voraussetzungen er bereit ist, vor oder nach

[1] So weist *Laqueur* (1977, 53) zu sehr vereinfachend darauf hin, daß bestimmte Länder, die vom Terrorismus bisher relativ verschont geblieben seien, eine geringe Bevölkerungsdichte haben, überwiegend protestantisch sind und eine politische Kultur aufweisen, die in der jüngsten Geschichte relativ friedlich verlaufen ist.

strafverfolgenden Maßnahmen sich aus einer derartigen Verstrikkung wieder zu lösen.

II. Mögliche Ursachenfelder

Die Projektplanung sollte vor dem Hintergrund der in Betracht kommenden Ursachenfelder und Erkenntnisquellen durchgeführt werden. Die in fachliterarischen Äußerungen und öffentlichen Diskussionen erwähnten Ursachenbereiche lassen sich folgendermaßen auffächern:

1. *Individuelle Veranlagung*

Mitursächlich für das gesellschaftskritische Bewußtsein eines jungen Menschen, seine immer radikaler werdende Einstellung und schließlich seinen Anschluß an eine terroristische Vereinigung wird in jedem Fall seine gesamte Persönlichkeitsstruktur sein. Dabei kann der diese Entwicklung bestimmende Fanatismus und Rigorismus beeinflußt sein von körperlichen Schwächen, die das Selbstbewußtsein mindern und auf Kompensierung drängen[2]. Eine solche Hypothese führt keinesfalls zu einer generellen Pathologisierung der Terroristen.

2. *Familie und Erziehung*

Da für die Entwicklung eines Menschen seine Erziehung – insbesondere im Kindheitsalter – mindestens ebenso wichtig ist wie seine Erbanlagen, muß auch sie als eine mögliche Determinante für das Abgleiten in extremistische oder gar terroristische Kreise bezeichnet werden. Von Bedeutung erscheint vor allem die von den Eltern vermittelte Werthaltung, ihre politische und soziale Einstellung[3]. Vor allem in der Familie wird kritische Sympathie oder Antipathie gegenüber unserem Staat und seinen Organen aufgebaut. Aber auch

[2] *Fetscher* (1977, 22): Durch bewaffnete Aggression kann man quälende Symptome der eigenen Krankheit vorübergehend loswerden. Eine pathologischere Betrachtungsweise vertritt *von Bayer-Katte* in einer in der FRANKFURTER RUNDSCHAU vom 23. 5. 1978 abgedruckten Studie zum Thema „Der agitatorische Terror und seine Wirkung in sozialpsychologischer Sicht".

[3] *Fetscher* (1977, 28) beklagt eine allzu rationalistische, die emotionalen Aspekte der menschlichen Reifung unterschätzende Art der Erziehung im Bedingungsfeld des Terrorismus.

die tatsächlichen Familienverhältnisse, in Sonderheit das Maß elterlicher Fürsorge und die zwischen den Familienangehörigen herrschende Atmosphäre, prägen Denken und Handeln der Kinder. Der Hinweis auf ein derartiges „Fremdverschulden" erniedrigt den Menschen noch nicht zum Produkt, negiert ihn nicht als entscheidungsfähiges Subjekt (so aber *Funke* 1977, 35).

3. *Schule und Freundeskreis*

Die Schule als die nächste oder parallel verlaufende Stufe der Vorbereitung auf Leben und Beruf kann schon durch mangelnde oder tendenziöse Wissensvermittlung über ideologische und politische Verhältnisse, über Strategie und Taktik von Extremisten und Terroristen falsche Weichen stellen. Erst recht geschieht dies, wenn junge Menschen in der Schule nicht neben Wissen auch Bildung und Erziehung, ethische Werte und die erforderliche Toleranz gegenüber Andersdenkenden nahe gebracht werden.

Von entscheidender Bedeutung für die weitere Entwicklung kann der Freundeskreis sein, dem sich der Jugendliche in diesem Lebensalter anschließt. Manche Mitglieder terroristischer Vereinigungen haben sich bereits während der Schulzeit kennengelernt und den Weg in Radikalismus und Terrorismus schließlich gemeinsam angetreten. Der in diesem Abgleitprozeß zunehmenden kognitiven und emotionalen Entfremdung von dem dominanten Wert- und Sozialsystem entspricht eine damit korrespondierende Verstrickung in soziale und moralische Gegenstrukturen.

4. *Hochschule als Ursachenfeld*

Die meisten terroristischen Karrieren scheinen sich während der Zeit des Hochschulstudiums zu entwickeln. Von 40 Ende 1977 mit Haftbefehl gesuchten Terroristen haben 24 mit einem Hochschulstudium begonnen, jedoch nur 3 abgeschlossen und von diesen ein einziger mit dem 2. Staatsexamen[4]. Beim Nachdenken über die Ursächlichkeit dieser Häufung fallen ein:

– die zumeist in diese Zeit fallende Abkoppelung von der Familie, die die in der Regel stärkste soziale Bindung des jungen Menschen löst oder doch lockert, ohne daß diese Bindung durch eine Familienneugründung abgelöst wird,
– das Fehlen eines ausgeübten Berufs, der ja neben der Familie den

größten Teil der menschlichen Energie bindet,
– die sowohl im Gegensatz zum Gymnasium wie zum anglosächsischen Hochschulsystem relativ unpersönliche Atmosphäre an deutschen Universitäten, an denen der Student über Zeiteinteilung und Studienengagement grundsätzlich frei bestimmt[5];

– die Befassung mit Ideologien, die im Gegensatz zum Gesellschafts- und Wirtschaftssystem in der Bundesrepublik Deutschland stehen und Gewalt zur Lösung sozialer Konflikte nicht ablehnen,
– das starke Übergewicht extremistisch orientierter politischer Hochschulgruppen mit studentenspezifischen Formen der Artikulation und Aktion, die die Meinungsbildung in studentischen Kreisen erheblich beeinflussen.

14 der oben erwähnten Studenten, die während der Hochschulzeit in den Terrorismus abgeglitten sind, hatten ein Fach mit gesellschaftspolitischem und sozialem Bezug gewählt, nämlich Soziologie, Politologie, Psychologie oder Pädagogik. Es wäre ebenso oberflächlich wie unzulässig, anzunehmen, derartige Wissenschaftszweige würden den Terrorismus fördern. Sie fördern allerdings sicher eine kritische Einstellung zu bestehenden sozialen Verhältnissen und haben wohl auch auf sozial engagierte und insoweit kritisch eingestellte Menschen eine besondere Anziehungskraft.

5. *Konfrontation mit der Alltagswirklichkeit*

Eine der naheliegendsten Erklärungen für die Entstehung einer Protesthaltung und je nach Veranlagung und sonstigen Umständen eben auch terroristischer Verhaltensformen bei so manchen jungen Menschen ergibt sich aus der Konfrontation zwischen ursprünglich idealistischen Wertvorstellungen – sie mögen religiös, ideologisch oder

[4] Ein im Bundesinnenministerium gebildeter Arbeitsstab, der der von der Innenministerkonferenz im August 1977 gebildeten Bund/Länder-Arbeitsgruppe für Öffentlichkeitsarbeit gegen Terrorismus zugeordnet ist, hat als Vorprojekt zu der im Rahmen des Gesamtforschungsprojekts vorgesehenen Lebenslaufanalyse zunächst die Personagramme dieser 40 Terroristen aufgrund von Erkenntnissen aus polizeilichen Akten erstellt und quantitativ ausgewertet. Diese Basis erwies sich freilich als zu schmal für eine Generalisierung der gewonnenen Analyseergebnisse.

[5] Auch *Fetscher* (1977, 21) weist auf Verlassenheit und Einsamkeit an der Universität als Kausalitätsfaktor hin.

rein edukatorisch begründet sein – sozialem Engagement[6], dem jugendlichen Drang, die Welt zu verbessern auf der einen Seite und der Begegnung mit der rauhen Alltagswirklichkeit auf der anderen Seite, dem Erleben von sozialer Ungerechtigkeit und Gleichgültigkeit, von krassem Egoismus als integrierende Komponente der Leistungsgesellschaft und Konsumdenken (vgl. auch *Müller-Luckmann* 1978, 8). Hinzu kommt die Diskrepanz zwischen dem Drang, die Verhältnisse zu verändern und der Erfahrung, daß dem Vermögen des einzelnen mehr oder weniger enge Grenzen gesetzt sind, seine Kompetenz jedenfalls zumeist weit hinter dem reformerischen Willen zurückbleibt. Hinzu kommen ferner oft eigene soziale Probleme, die vergebliche Suche nach einem Studien- oder Arbeitsplatz, die zur undifferenzierten Antipathie, schließlich sogar zum Haß gegen die gesellschaftlichen Verhältnisse führen können[7].

Man kann die Fragestellung freilich auch von der Diskrepanz zwischen persönlicher Einstellung und Alltagswirklichkeit lösen und auf bestimmte tatsächliche gesellschaftliche Bedingungen konzentrieren; d. h., inwieweit ist eine zu wenig soziale und idealistisch orientierte Werthaltung der Gesellschaft, inwieweit sind Normen und politische Entscheidungen, die in der Leistungsgesellschaft egozentrische Verhaltensweisen, wirtschaftliche oder soziale Mißstände begünstigen oder jedenfalls nicht ausschließen, selbst als ursächlich für partiell verständliche Protesthaltung und daraus resultierende extremistische Einstellungen anzusehen[8]?

[6] Vgl. auch *Schmidtchen* (1978, 46): Der Weg in den Terrorismus beginnt mit ethisch wertvollen Motiven; a. A. *Lübbe* (1978, 99): Wer Terroristen zu enttäuschten Reformern erklärt, irrt.

[7] Ähnlich *Funke* (1977, 24): Im Terroristen transzendiert der möglicherweise aus kranker Seele, aus Frustration geborene Kompensationsdrang gemeinsam mit der an vielfältigen Manifesten des Unrechts und Leidens geschärften Vernunft zur Offenbarungswahrheit. Die Absolutheit seiner Wertvorstellungen setzt den Terroristen in ein höheres Recht.

[8] So sieht *Fetscher* (1978, 28) eine Mitschuld der Gesellschaft in der gröblichen Vernachlässigung der Moral in der Politik, in der viel zu späten und nicht genügend ernstgenommenen Inangriffnahme der sozialen und kulturellen Probleme, die „Wohlstandsgesellschaft" nicht nur ihren „Stiefkindern am Rande" geschaffen hat.

6. *Schlüsselerlebnisse*

Oft sind bestimmte Schlüsselerlebnisse Anlaß, einen Weg einzuschlagen, der zum Extremismus oder gar zum Anschluß an eine terroristische Vereinigung führt. Sie können in allen möglichen Lebensbereichen liegen. Ihre Kausalität wird vielleicht dem von ihm so entscheidend Beeinflußten nicht einmal bewußt, jedenfalls nicht im Augenblick des Erlebens. Denkbares Schlüsselerlebnis für den Beginn einer terroristischen Karriere ist sogar eine persönliche Konfrontation mit Polizei und Justiz, etwa die vorläufige Festnahme und erkennungsdienstliche Behandlung wegen des Verdachts einer Straftat, z. B. im Zusammenhang mit einer Demonstration, die Aburteilung wegen einer Hausbesetzung, die den Tatbestand des Hausfriedensbruchs erfüllt. So waren auch 27 von 40 der Ende 1977 mit Haftbefehl gesuchten Terroristen aktenkundig mit Polizei oder Justiz konfrontiert, bevor sie durch schwere terroristische Straftaten auffällig wurden.

7. *Ideologische Triebkräfte*

Besonders heiß diskutiert wird immer wieder die Frage, ob und inwieweit Ideologien und politische Lehrmeinungen, etwa die Lehre des Anarchismus, die marxistische Theorie, Ideologien und Proklamationen von Befreiungsbewegungen und Guerillaorganisationen oder Gewalttheorien terroristische Entwicklungen auslösen oder zumindest geistig untermauern und damit festigen. Daß solche Zusammenhänge bestehen, kann wohl keinem vernünftigen Zweifel begegnen. Sonst würden sich Terroristen in ihren Aussagen nicht immer wieder auf solche Lehrmeinungen und Ideologien berufen. Sie sehen als ihr Ziel an, „das imperialistische Herrschaftssystem zu vernichten“ (vgl. *Meinhof* . . ., 48), berufen sich auf die Aussage von Mao: „Jeder Kommunist muß die Wahrheit begreifen: die politische Macht kommt aus den Gewehrläufen“ (RAF, o. J., 40) und sehen als ihre Pflicht an, „wenn wir Sozialisten bleiben wollen, tiefer, zu den untersten Massen, zu den wirklichen Massen zu gehen: darin liegt die ganze Bedeutung des Kampfes gegen den Opportunismus und der ganze Inhalt dieses Kampfes“ (vgl. *Meinhof* 1974). Sie zitieren *Marx:* „Der revolutionäre Fortschritt bricht sich eine Bahn, in der Erzeugung einer mächtigen geschlossenen Konterrevolution, in der Erzeugung eines Gegners, durch dessen Bekämpfung die Umsturzpartei erst zu einer wirklichen revolutionären Partei heranreift" (vgl. „Komitee gegen Folter" 1975, 11 ff.) – auch wenn sie der marxistisch-leninistischen Strategie, die auf dem kollektiven Terror der revolutionären Massen aufbaut, nicht folgen –[9]. Sie zitieren Marighella: „Die kleineren Enteignungen dienen der individuellen Unterhaltung der Stadtguerilleros, die großen der Unterhaltung der Revolution" (vgl. *Marighella* 1972, 146) und behaupten, „daß der bewaffnete Kampf als die höchste Form des Marxismus-Leninismus jetzt begonnen werden kann und muß, daß es ohne das keinen antiimperialistischen Kampf in den Metropolen gibt" (*Meinhof* in Rotbuch Nr. 26, S. 112).

Vom Anarchismus übernehmen sie die maßlose Freiheitstrunkenheit, das Aufbäumen des Individuums gegen jeden Zwang und den Glauben an einen spontanen Aufschwung der Massen, die revolutionäre Ungeduld, die Hemmungslosigkeit in der Wahl der Mittel und den menschenverachtenden Rigorismus der Zerstörung „macht kaputt, was Euch kaputt macht"[10]. Dem Marxismus entlehnen sie die unbedingte Logik der Dialektik, den Glauben an die Vorbestimmtheit der Revolution und die Erklärung sozialer Ungerechtigkeit allein durch die Herrschaftsstruktur des Kapitalismus (vgl. *Herold* 1976, 401 ff.).

8. *Anziehungskräfte terroristischer Gruppen*

Insbesondere *Schoeck* (1970, 18/20 f.) sieht die Motivation von Terroristen vornehmlich in der Ungeduld darüber, daß sie nicht mit legalen Leistungen über Nacht weltweit bekannt werden konnten, im sog. Megazid-Motiv, also der Absicht, durch Ermordnung einer bekannten Persönlichkeit für sich selbst einen Platz in Schlagzeilen und Geschichtsbüchern zu erwirken, ebenso wie in der Anziehungskraft von Geheimorganisationen, konspirativer Lebensweise, in

[9] Vgl. auch *Bracher* (1978, 210): Dieser Terrorismus ist eindeutig links gerichtet und trotz unorthodoxen Variationen marxistisch-leninistisch fundiert, in seiner politisch-gesellschaftlichen Begriffswelt wie in den Zielvorstellungen.

[10] Vgl. auch *Rock* (1977, 67): Weil Anarchismus zu Terror disponiert, wurzelt dieser in jenem. Anarchismus vermittelt Terror. Terrorismus ist im Grunde nichts anderes als die in die Praxis umgesetzte Anarchie; a. A. *Funke* (1977, 28), „weil sie sich für eine syndikalistische Befähigung zur Organisation herrschaftsfreien Lebens nirgends beweispflichtig zeigen".

dem Genuß des ständigen Risikos und der Mitgliedschaft in einem elitären Kreis, in dem Wunsch, einmal alle Brücken hinter sich abzubrechen und ein neues Leben zu führen. Der Kontakt in einer Gruppe von „Leidensgefährten" entwickelt eigene Gruppendynamik, gibt sozialen Halt und läßt die individuelle Isolierung weniger groß erscheinen (vgl. *Berckhauer* 1978, 9).

9. Entwicklungsdynamische Erklärungen

Die so angedeuteten möglichen Ursachenfelder liegen auf verschiedenen Zugangsebenen. Die Entwicklung des Terrorismus bis zur Gegenwart läßt sich auch in der Zeitdimension erklären. Dann lautet die Frage, aufgrund welcher Bedingungen sich z. B. der gegenwärtige Terrorismus in der Bundesrepublik Deutschland aus seinen historischen Wurzeln, insbesondere der studentischen Protestbewegung und der Außerparlamentarischen Opposition Ende der 60er Jahre im zurückliegenden Jahrzehnt entwickelt hat (vgl. insbesondere *Fetscher* 1977, 11 ff.). In diesem Zusammenhang müssen auch Einflußprozesse anderer, in sich geschlossener terroristischer Bewegungen, etwa der südamerikanischen Guerillaorganisationen, der palästinensischen Terroristengruppen, der japanischen Roten Armee Fraktion und der Roten Brigaden Italiens untersucht werden. Derartige internationale Ansteckungs- und Nachahmungseffekte lassen sich eindeutig nachweisen. Jüngstes Beispiel herfür ist das Attentat auf den im Lorenz-Prozeß als Pflichtverteidiger auftretenden Rechtsanwalt Hohla am 31. Mai 1978 in Berlin, bei dem die Täter die von den Roten Brigaden Italiens praktizierte „Beinschuß-Taktik" angewandt haben.

10. Multikausale Komplexität

Schon vor Beginn einer umfassenden empirischen Forschung ist eines klar: die Unrichtigkeit jedes monokausalen Erklärungsversuchs. Die Entwicklung des Terrorismusphänomens ebenso wie jede einzelne terroristische Karriere ist so komplex wie Zusammenhänge des menschlichen Zusammenlebens selbst. Individuelle Prädispositionen müssen vor dem Hintergrund ideologischer Einflüsse, bestimmter Werthaltungen und üblicher Verhaltensstrukturen auf gesamtgesellschaftliche Bedingungen und politische Verhältnisse treffen, um – unterstützt durch gruppendynamische Prozesse – zu katastrophalen Entwicklungen zu führen. In jedem Fall summieren sich mehrere ungünstige Determinanten und individual- und sozialpsychologische wie sozialstrukturelle Eskalationsfaktoren, subjektive und objektive Ursachen[11].

III. Möglichkeiten und Grenzen empirischer Forschung

Es besteht volle Einigkeit darüber, daß der kaum noch überschaubaren Fülle einleuchtender Hypothesen und ihrer nahezu erschöpften Diskussion endlich die Basis empirischer Forschung folgen muß. Dabei sollte man sich von vornherein über die Begrenzung solcher Forschung im klaren sein[12].

1. *Erkenntnisquellen*

Begrenzt sind vor allem die möglichen Erkenntnisquellen solcher Forschung. Am ehesten könnten die Terroristen selbst Aufschluß darüber geben, warum sie sich entschlossen haben, diesen Weg zu gehen. Sie schweigen jedoch in aller Regel beharrlich. Dennoch werden einzelne, die sich inzwischen von der Terrorismusszene gelöst haben, zur Mitwirkung bei der Exploration bereit sein.

Vor allem muß versucht werden, von Bezugspersonen, die ihnen früher oder auch heute noch nahestehen, Informationen zu bekommen: Familienangehörige, Freunde und Mitschüler, Lehrer und Betreuer.

Von einzelnen Terroristen liegen schriftliche Äußerungen, Briefe und Publikationen und andere Aufzeichnungen vor, aus denen sich

[11] Vgl. auch *Funke* (1977, 31), der auf die Motivvielfalt und Wechselwirkung von personalen und habituellen Faktoren hinweist; dagegen sieht *Herold* (IPA-Zeitschrift 1975, S. 4) im gewalttätigen Anarchismus „eine objektive Widerspiegelung der Widersprüche unserer gesellschaftlichen Situation in Ost und West, eine Widerspiegelung der Strukturrezession unserer Zeit", so daß die Erscheinung so lange anhält, wie diese Defekte und Widersprüche in der gesellschaftlichen Situation bestehen".

[12] Generell skeptisch steht etwa *Laqueur* (1977, 37/51 f.) der Ursachenforschung gegenüber. Nach seiner Meinung muß jeder Versuch, den Terrorismus in allen seinen unterschiedlichen Erscheinungsformen zu erklären, von vornherein entweder äußerst vage oder aber völlig falsch sein. Wegen des „Zufallselements" im Auftreten des Terrorismus sei eine wirklich wissenschaftliche, prognostische Untersuchung unmöglich, die Forschung vielmehr auf die Untersuchung interessanter Parallelen der Ursache und von Merkmalen terroristischer Bewegungen beschränkt.

Ansatzpunkte für Motive und Ursachen ergeben, auch wenn der Wahrheitsgehalt aus Rechtfertigungsversuchen und propagandistischen Erklärungen schwer herauszufiltern ist.

Schließlich können auch Motivationsbefragungen und Personagramm-Untersuchungen von Zielgruppen außerhalb der Terrorismusszene zur Aufhellung der möglichen Ursachenfelder führen. Vor allem kommen Kontrollgruppen in Betracht, die nach Sozialstruktur, Ausbildung, Alter und Einflußsphäre mit der zu untersuchenden Terroristengruppe partiell vergleichbar sind. Hierdurch könnten Erkenntnisse darüber gewonnen werden, welche Umstände bei der einen Gruppe zur terroristischen Entwicklung geführt bzw. welche Bedingungen die Gegengruppe davor bewahrt haben.

2. *Notwendigkeit interdisziplinärer Forschung*

Daß die Erforschung von Ursachen des Terrorismus interdisziplinär betrieben werden muß, wird allgemein bejaht. Im Hinblick auf die möglichen Bedingungsfelder und ihrer Beziehung zueinander kann auf die Mithilfe der
- Psychologie und Psychiatrie
- Erziehungswissenschaften
- Theologie
- Soziologie[13]
- Politologie
- und Kriminologie[14], einschließlich Kriminalsoziologie, nicht verzichtet werden.

3. *Projektkomplexität*

Der Umfang der zu erwartenden Informationsbeschaffung und Analyse legt es nahe, das Gesamtprojekt in Teilprojekte zu gliedern, deren Abgrenzung, Koordinierung und vor allem organische Zusam-

[13] *Berckhauer* (1978, 9) weist zu Recht darauf hin, daß die an mikrostrukturellen Ansätzen orientierte Soziologie insbesondere anschaulich machen kann, wie in Solidargemeinschaften individuelle Ängste und persönliche Bedürfnisse junger Menschen reguliert und analysiert werden.

[14] *Berckhauer* räumt dieser Fachrichtung dank ihrer multidisziplinären Orientierung und der Fähigkeit, aus vorgegebenen Teilergebnissen disziplinübergreifende Fragestellungen zu formulieren, sogar eine höhere Chance ein als ihren Bezugswissenschaften.

menfassung noch schwer zu übersehende Schwierigkeiten bietet. Vorstellbar ist als eine von mehreren Alternativen etwa folgende Projektstruktur:

– individual- und sozialpsychologische Lebenslaufanalysen; mit der Aufbereitung entsprechender Personagramme von ca. 250 Personen, die wegen terroristischer Straftaten seit 1970 verurteilt worden sind, sich derzeit in Untersuchungshaft befinden oder mit Haftbefehl gesucht werden, hat der schon erwähnte Arbeitsstab inzwischen begonnen. Dieser Zielgruppe muß die Analyse der Lebensläufe einer in der Ausgangssituation möglichst gleichartigen „Gegengruppe" gegenübergestellt werden.

– Aufhellung gruppendynamischer Prozesse bei der Bildung und Rekrutierung, Organisation und Führungsstruktur terroristischer Vereinigungen einschließlich der Phänomene des Gruppenzwanges und der Rolle von Bezugsgruppen.

– Untersuchung, unter welchen situativen und geistigen Bedingungen sich Verständnislosigkeit und Feindseligkeit gegenüber dem politischen System herausbilden und die Legitimität der gesellschaftspolitischen Verfassung von der Bevölkerung insgeheim bezweifelt wird. Dieses Teilprojekt ließe sich nochmals in die folgenden drei Problemkomplexe auffächern:

– Prüfung möglicher sozialer und politischer Bedingungen für das Entstehen politischer Karrieren und Gruppen, einschließlich des Einflusses staatlicher Kontrollmechanismen, der Strafverfolgung und des Strafvollzugs;

– ideologische und andere geistige Wurzeln und Hintergründe des Terrorismus;

– die mögliche Mitursächlichkeit der Bedingungen an den Hochschulen.

– Ursachen des Terrorismus und Beeinflussungsprozesse im internationalen Vergleich unter Berücksichtigung der unterschiedlichen kulturellen, sozialen, wirtschaftlichen und politischen Umwelt.

Denkbar und nützlich wären selbstverständlich auch Untersuchungen, die sich auf einen bestimmten örtlichen und regionalen Raum oder auf eine bestimmte extremistische oder terroristische Gruppe beschränken.

IV. Umsetzen in Prävention

1. *Kein Automatismus: Diagnose/Therapie*

Der Erwartungshorizont, vor dem die Forschungsaufgabe in Angriff genommen wird, sollte nicht zu hoch angesetzt werden. Die Gesamtanalyse wird nicht nur durch die relativ schmale Erkenntnisbasis erschwert, sondern auch durch die Vielfältigkeit und Interdependenz im Verhältnis zueinander nicht zu gewichtender Terrorismusbedingungen.

Vor allem aber veranlaßt das diagnostische Ergebnis gewiß keineswegs automatisch zur Therapie. Viele Ursachen und Bedingungsfaktoren sind unveränderbar oder von einer Bedeutung, die ihre Veränderung in der mehr oder weniger vagen Hoffnung einer günstigen präventiven Beeinflussung des Terrorismus verbietet. Das wird vor allem für die meisten als vielleicht mitursächlich erkannten, in der Rechtsordnung verankerten oder auf politischen Grundentscheidungen beruhenden gesamtgesellschaftlichen Bedingungen gelten.

Freilich gibt schon die Möglichkeit einzelner Präventionsansätze Aussicht auf berechtigte Hoffnung. Denn wenn sich der multikausale Erklärungsansatz bestätigt, könnte der Wegfall auch nur einer von mehreren notwendigen Bedingungen zum Ausbleiben der terroristischen Entwicklung führen. Wenn es z. B. gelingt, einen jungen Menschen, der zur Änderung erkannter oder vermeintlicher gesellschaftlicher Mißstände beitragen will, von der Effektivität seiner Mitwirkung auf legalen politischen Ebenen zu überzeugen, kann unter Umständen sein Abgleiten in die Illegalität verhindert werden.

2. *Grundlage für die Öffentlichkeitsarbeit*

Vor allem wird das Ergebnis der Ursachenforschung Grundlage einer damit hervorragend fundierten Öffentlichkeitsarbeit sein, deren Ziel es ist,

– die Öffentlichkeit über den Terrorismus, seine Bedingungen und Hintergründe zu informieren,

– Terroristen geistig und moralisch zu isolieren, von Unterstützern und Sympathisanten abzuspalten und

– auf jene Institutionen informierend und motivierend einzuwirken, die am ehesten in der Lage sind, zu einem Abbau möglicher Ursachen beizutragen: Familien, Lehrkräfte, Hochschullehrer und

Hochschulgruppen sowie Medien sind z. B. hervorragende Multiplikatoren im Kampf zur Bewältigung des Terrorismus. Der harte Kern der Terroristen selbst ist freilich nicht ansprechbar und für jede rationale Diskussion unzugänglich (so auch *Topitsch* 1978, 89).

3. *Rechtsetzung und Beseitigung von Sozialdefekten*

Schließlich ergeben sich aus dem Forschungsergebnis möglicherweise Anregungen zu Rechtsänderungen – etwa im Hochschulverfassungsrecht – oder für sonstige politische Maßnahmen, die geeignet sind, dem Terrorismus entgegenzuwirken und zu seiner endgültigen Bewältigung beizutragen[15].

[15] Insbesondere gilt es, sich in jeder Gesellschaftsform immer wieder strukturell bedingte und sich einschleichende Sozialdefekte zu beseitigen, die zur Sozialisation des Terrorismus beitragen (vgl. *Funke* 1977, 33).

Literatur

Adler, A.: Menschenkenntnis; Frankfurt 1972 (Fischer Taschenbuch).

Adler, A.: Der Sinn des Lebens; Frankfurt 1974 (Fischer Taschenbuch).

Affemann, R.: Krank an der Gesellschaft; Stuttgart 1974 (2. Aufl.).

Alexander, F.: Irrationale Kräfte unserer Zeit; Stuttgart 1946.

Alves, Detrez, Marighella: Zerschlagt die Wohlstandsinseln der III. Welt; Reinbek 1971 (ro-ro-ro-actuell 1453/1454).

Avenarius, P.: Der Größenwahn; 1978.

Baumann, M.: Wie alles anfing; Frankfurt 1977 (2. Aufl.).

Berckhauer, F. H.: Lücke zwischen Theorie und Wirklichkeit; in: Das Parlament 3/1978, S. 9.

Berger, P. L., u. a.: Das Unbehagen in der Modernität; Frankfurt/New York 1975.

Bergmann, U., Dutschke, R., Lefèvre, W., Rabehl, B.: Rebellion der Studenten oder Die neue Opposition; Reinbek 1968.

Berkemann, J.: Die Bindung des Rechtsstaates; in: Das Parlament Nr. 3, 21. Jan. 1978, S. 11.

Berner, P., Naske, R.: Denkstörungen; in: Müller, Ch. (Hrsg.): Lexikon der Psychiatrie; Berlin/Heidelberg/New York 1973.

Boeden, G.: Entwicklung und Erscheinungsformen des Terrorismus; in: Geißler, H. (Hrsg.): Der Weg in die Gewalt; München 1978, S. 22–38.

Boehm, E.: Lehrbuch der Rohrschachpsychodiagnostik; Bern 1951.

Bracher, K. D.: Terrorismus und Totalitarismus; in: Geißler, H. (Hrsg.): Der Weg in die Gewalt; München 1978, S. 201–216.

Buchheim, H.: Vier Grundformen des Terrorismus; in: Bundesminister der Verteidigung: Informationen für die Truppe 3/1978, S. 7–17.

Bühler, C.: Das Seelenleben der Jugendlichen; Frankfurt 1975 (Fischer Taschenbuch).

Bundesministerium des Inneren: Innere Sicherheit; Nr. 43; Bonn; 12. Mai 1978.

Bund Deutscher Kriminalbeamter (Hrsg.): Vorbeugende Verbrechensbekämpfung. Dokumentation des Bundes Deutscher Kriminalbeamter. Landesverband Nordrhein-Westfalen; Berlin/Düsseldorf 1976, S. 123–134.

Conrady, K. O.: Vom Lesen und seinen Schwierigkeiten; in: Bertelsmann Briefe 93/1978, S. 33–38.

Dührssen, A.: Psychogene Erkrankungen bei Kindern und Jugendlichen; Göttingen 1954.

Eckert, R.: Wie Terrorismus entsteht. Die Protestbewegung als Ausgangspunkt krimineller Karrieren; in FAZ vom 6. 12. 1977, S. 10/11.

Eckert, R.: Terrorismus als Karriere; in: Geißler, H. (Hrsg.): Der Weg in die Gewalt; München 1978, S. 109–132.

Ellis, A.: Die rational-emotive Therapie; München 1977.

Erikson, E. H.: Jugend und Krise; Stuttgart 1970.

Erikson, E. H.: Kindheit und Gesellschaft; Stuttgart 1971 (4. Aufl.).

Erikson, E. H.: Einsicht und Verantwortung; Frankfurt 1971.

Erikson, E. H.: Identität und Lebenszyklus; Frankfurt 1973.

Erikson, E. H.: Lebensgeschichte und historischer Augenblick; Frankfurt 1977.

Eysenck, H.-J.: Crime and Personality; London 1964.

Fetscher, I.: Terrorismus und Reaktion; Köln/Frankfurt 1977.

Fetscher, I.: Ausweg aus einer Verzweiflung – Über die gesellschaftlich-politischen Ursachen des Terrorismus; in: Das Parlament Nr. 3, 21. Jan. 1978. S. 8.

Freud, S.: Werke. Studienausgabe. Neuauflage; Frankfurt 1971.

Funke, M. (Hrsg.): Terrorismus – Untersuchungen zur Struktur und Strategie revolutionärer Gewaltpolitik; Kronsberg/Düsseldorf 1977.

Geißler, H. (Hrsg.): Der Weg in die Gewalt – Geistige und gesellschaftliche Ursachen des Terrorismus und seine Folgen; München 1978.

Grewe-Partsch, M.: Zum Geschäft des Journalisten – Die Selektion von Interpretationen; in: Fernsehen und Bildung 3/1976, S. 203–224.

Grossarth-Maticek, R.: Anfänge anarchistischer Gewaltbereitschaft in der Bundesrepublik Deutschland; Bonn-Bad Godesberg 1975.

Grossarth-Maticek, R.: Revolution der Gestörten? Motivationsstrukturen, Ideologien und Konflikte bei politisch engagierten Studenten; Heidelberg 1975.

Grossarth-Maticek, R.: Der linke und der rechte Radikalismus; in: Familiendynamik 3/1978.

Guggenberg, B.: GUERILLA in Deutschland? Schwierigkeiten und Gefahren in der Demokratie; in: Die politische Meinung Nr. 166, 21. Jg. 1976, S. 45–65.

Habermas, J. (Hrsg.): Antworten auf Herbert Marcuse; Frankfurt 1969.

Hacker, F.: Aggression. Die Brutalisierung der modernen Welt; Wien 1971.

Hacker, F.: Terror; Reinbek 1975 (Rowohlt-Taschenbuch Nr. 6928); Vorauflage München 1973.

Haring, Cl., Leickert, K. H.: Wörterbuch der Psychiatrie und ihrer Grenzgebiete; Stuttgart/New York 1968.

Hättich, M.: Radikale Kritik an der Demokratie; in: Geißler, H. (Hrsg.): Der Weg in die Gewalt; München 1978, S. 190–200.

Henseler, H.: Narzistische Krisen. Zur Psychodynamik des Selbstmords; Hamburg 1974.

Herold, H.: Taktische Wandlungen des deutschen Terrorismus; in: Die Polizei 12/1976, S. 401 ff.
Herrmann, L.: Dem Staat geben, was des Staates ist – Aldo Moros Tod und Italien; in: Deutsche Zeitung, Christ und Welt, Nr. 20 vom 12. Mai 1978, S. 1.
Heymann, K.: Infantilismus; Basel 1955.
Hörtreiter, H.: Die Sprengstoff- und Branddelikte deutscher „Tupamaros"; in: Kriminalistik 2/1972, S. 57–60.
Hofstätter, P.: Wie Gewalt entsteht und wohin sie führen kann; in: Geißler, H. (Hrsg.): Der Weg in die Gewalt; München 1978, S. 163–174.
Hohlweg, W.: Moderner Guerillakrieg und Terrorismus – Problem und Aspekte ihrer theoretischen Grundlagen als Widerspiegelung der Praxis; in: Funke, M.: Terrorismus; Kronsberg/Düsseldorf 1977, S. 291–300.
Horchem, H.-J.: Die Innere Sicherheit der Bundesrepublik Deutschland; in: Funke, M.: Terrorismus; Kronsberg/Düsseldorf 1977, S. 118–139.
Huber, G.: Psychiatrie; Stuttgart 1976.
Hume, D.: Eine Untersuchung über den menschlichen Verstand (1748); Stuttgart 1967 (Reclam Nr. 5489).
Internationales Verteidigerkomitee (Hrsg.): Letzte Texte.
Jahn, G.: Versuch einer statistischen Analyse von Straftaten mit Geiselnahme. Ein Beitrag zur Phänomenologie der Geiselnahme; in: Kriminalistik 3/1977. S. 97–103.
Janzarik, W.: Der Wahn in strukturdynamischer Sicht; in: Studium Generale 10/1967.
Jaspers, K.: Allgemeine Psychopathologie; Heidelberg 1946 (4. Aufl.).
Kahl, W.: Akteure und Aktionen während der Formationsphase des Terrorismus; in: Funke, Manfred: Terrorismus; Kronsberg/Düsseldorf 1977, S. 272–290.
Kahl, W.: Zehn Jahre Terrorismus in der Bundesrepublik; in: Bundesministerium der Verteidigung (Hrsg.): Informationen für die Truppe 3/1978, S. 56–94.
Kasch, W. F.: Terror – Bestandteil einer Gesellschaft ohne Gott? in: Geißler, H. (Hrsg.): Der Weg in die Gewalt; München 1978, S. 13–21.
Komitee gegen Folter: Kampf gegen die Vernichtungshaft; Eigendruck 1975.
Konopka, G.: Soziale Gruppenarbeit: ein helfender Prozeß; Weinheim 1971.
Krappmann, L.: Soziologische Dimensionen der Identität; Stuttgart 1973.
Kreis, K. M.: Der internationale Terrorismus; in: Funke, M. (Hrsg.): Terrorismus; Kronsberg/Düsseldorf 1977, S. 158–172.
Lange-Eichbaum, W., Kurth, W.: Genie, Irrsinn und Ruhm; München/Basel 1967 (6. Aufl.).
Laqueur, W.: Terrorismus (aus dem Englischen übersetzt von Rudolf Wichmann); Kronsberg 1977.

Leicht, R.: Terrorismus als politische Herausforderung; in: Das Parlament Nr. 3, 21. Jan. 1978, S. 2.
Lenin, W. I.: Der „linke Radikalismus", die Kinderkrankheit im Kommunismus, in: Lenin, W. I.: Ausgewählte Werke; Berlin 1959.
Lübbe, H.: Endstation Terror. Rückblick auf lange Märsche; in: Geißler, H. (Hrsg.): Der Weg in die Gewalt; München 1978, S. 96–108.
Maier, H. W.: Über katythyme Wahnbildung und Paranoia; in Z. Neur. (0) 13/1912, S. 555.
Meinhof, U. (Hrsg.): Alle Macht dem Volk durch Eroberung der Gewalt; ohne Ortsangabe, 1974.
Meinhof, U.: Das Konzept Stadtguerilla; Rotbuch Nr. 26, S. 112.
Marighella, C.: Minihandbuch des Stadtguerilleros; Hamburg 1972.
Mead, G. H.: Geist, Identität und Gesellschaft; Frankfurt 1973.
Meves, C.: Vergleichbare Verhaltensstörungen bei Kindern und Tieren; in: Z. prakt. Psychol. 1/2 (1966), S. 31–34.
Meves, C.: Vergleichbare Strukturen von Verhaltensstörungen bei Kindern und Tieren; in: Pr. Kinderpsychol. 8/1967, S. 273–280.
Meves, C.: Aggression als Not und Notwendigkeit; in: Lorenz, F. (Hrsg.): Aggression und Autorität; Stuttgart 1969. S. 68.
Meves, C.: Manipulierte Maßlosigkeit; Freiburg 1971.
Meves, C.: Erziehen lernen in tiefenpsychologischer Sicht; München 1971.
Meves, C.: Verhaltensstörungen bei Kindern; München 1971.
Meves, C.: Mut zum Erziehen; Hamburg 1971.
Meves, C., Illies, J.: Mit der Aggression leben; Freiburg 1975.
Meves, C.: Unser Leben muß anders werden; Freiburg 1976.
Meves, C.: Die Schulnöte unserer Kinder; Gütersloh 1976.
Meves, C.: Wer wirft den ersten Stein; Kassel 1977.
Meves, C.: Antrieb – Charakter – Erziehung; Osnabrück 1977.
Middendorff, W.: Geiselnahme und Kidnapping; in: Kriminalistik 26/1972, S. 553–562.
Middendorff, W.: Die Persönlichkeit des Terroristen. Insbesondere die Frau als Terroristin; in: Kriminalistik 30/1976, S. 289–296 und S. 357–363.
Middendorff, W.: Die Frau als politische Mörderin. Historische, internationale und zukünftige Aspekte; in: Kriminalistik 2/1977, S. 78–81 und 3/1977, S. 120–124.
Mitscherlich-Nielsen, M.: Hexen und Märtyrer; in: Paczensky, S. von (Hrsg.): Frauen und Terror; Reinbek 1978, (rororo aktuell), S. 13–23.
Müller-Luckmann, E.: Generationendialog ist unerläßlich – Zum Abgleiten in Terrorismus; in: Das Parlament 3/1978, S. 8.
Nass, G.: Psychologie des Anarchoterroristen; Kassel 1977.
Paczensky, S. von (Hrsg.): Frauen und Terror – Versuche, die Beteiligung von Frauen an Gewalttaten zu erklären; Reinbek 1978 (rororo aktuell).
Pfaff, K.: Kunst für die Zukunft; Köln 1972.

Presse- und Informationsamt der Bundesregierung: Dokumentation zu den Ergebnissen und Entscheidungen im Zusammenhang mit der Entführung von Hanns-Martin Schleyer und der Lufthansa-Maschine „Landshut"; Bonn 1977 (7. Aufl.).

Quensel, E.: Auf der Suche nach Identität, in: Paczensky, S. von (Hrsg.): Frauen und Terror; Reinbek 1978 (rororo aktuell), S. 69–78.

RAF: Der bewaffnete Kampf; Berlin, ohne Jahresangabe.

Rammstedt, O.: Die Instrumentalisierung der Baader-Meinhof-Gruppe; in: Frankfurter Hefte 30/1975, Heft 3.

Rapp, A.: Anfällig gegenüber falschen Propheten; in: FAZ vom 13. 10. 1977.

Reik, Th.: Aus Leiden Freuden; Hamburg 1977 (4. Aufl.).

Rock: Anarchismus und Terror; Trier 1977.

Römelt, G.: Die anarchistische Gewaltkriminalität in der Bundesrepublik Deutschland; in: Kriminalistik 29/1975; S. 529–534.

Rümke, H. C.: Eine blühende Psychiatrie in Gefahr; Berlin, Heidelberg, New York 1967.

Schoeck, H.: Terrorismus und anarchistische Bewegungen aus der Sicht des Soziologen; in: IPA-Zeitschrift 1970, S. 18 ff.

Schreiber, H.: Midlife-Crisis – die Krise in der Mitte des Lebens; München 1977.

Schünemann, B.: Politisch motivierte Kriminalität; in: Boor, W. de (Hrsg.): Politisch motivierte Kriminalität – echte Kriminalität?; Basel 1978 (Schriftenreihe des Instituts für Konfliktforschung Heft 4).

Schultz-Henke, H.: Lehrbuch der analytischen Psychotherapie; Stuttgart 1970 (2. Aufl.).

Schwind, H.-D.: Zum Stand des „gesicherten Wissens" in der kriminologischen Forschung; in: JR 1974, S. 12–15.

Schwind, H.-D.: Wird uns die Kriminalität überrollen?; in: Petri, H./Schwind, H.-D. (Hrsg.): Kriminalität heute – Ursachen und Bekämpfung; Bochum 1977 (Schriftenreihe der Gesellschaft für praktische Psychologie e. V. Bd. 1), S. 14–37.

Seiter, H.: Die Stadtguerilla – Tupamaros in der Bundesrepublik; in: Kriminalistik 26/1972, S. 365–367.

Spiegel, der: Frauen im Untergrund: „Etwas Irrationales"; in Nr. 33, 31. Jg., 8. August 1977, S. 22–33.

Spiegel, der: „Mord beginnt beim bösen Wort" – Spiegelserie über Sympathisanten und sogenannte Sympathisanten; in: Nr. 41, 31. Jg., 3. Oktober 1977, S. 28–47.

Sternberger, D., Storz, G., Süskind, W. E.: Aus dem Wörterbuch des Unmenschen; Hamburg 1957.

Stierlin, H.: Eltern und Kinder im Prozeß der Ablösung. Familienprobleme in der Pubertät. Literatur der Psychoanalyse; Frankfurt 1975.

Stierlin, H.: Familienterrorismus und öffentlicher Terrorismus. Hintergründe terroristischen Verhaltens in der Bundesrepublik Deutschland; in: Familiendynamik 3/1978.

Swetlana, A.: 20 Briefe an einen Freund; Wien/München 1967.

Topitsch, E.: Die Masken des Bösen; in: Geißler, H. (Hrsg.): Der Weg in die Gewalt; München 1978, S. 80–95.

Tophoven, R.: Der internationale Terrorismus – Herausforderung und Abwehr; in: Die Polizei 8/1977, S. 237–244.

Veelken, L.: Politische Bildung und Identitätsentfaltung; in: Katechetische Blätter 7/1977.

Veelken, L.: Einführung in die Identitätstherapie. Vorschläge für die Praxis identitätsentfaltender Jugendarbeit; Stuttgart 1978.

Villmow, B., Kaiser, G.: Empirisch gesicherte Erkenntnisse über Ursachen der Kriminalität; in: Der Regierende Bürgermeister von Berlin (Senatskanzlei/Planungsleitstelle) (Hrsg.): Verhütung und Bekämpfung der Kriminalität. Abschlußbericht; Berlin 1974.

Vogel, Hans-Jochen: Strafverfahrensrecht und Terrorismus – eine Bilanz, in: NJW 1975, S. 1217–1226.

Wassermann, R. (Hrsg.): Terrorismus contra Rechtsstaat; Darmstadt/Neuwied 1976.

Weitbrecht, H. J.: Psychiatrie im Grundriß; Berlin/Heidelberg/New York 1963.

Wernicke, C.: Über fixe Ideen; in: Deutsche Medizinische Wochenschrift 1892, S. 581.

Witter, H.: Handbuch der forensischen Psychiatrie. Bd. 1; Berlin/Heidelberg/New York 1972.

Wördemann, F.: Terrorismus – Motive, Täter, Strategien –; München 1977.